# O Livro das Sombras de Gardner

# Gerald B. Gardner

# O Livro das Sombras de Gardner

Tradução:
Soraya Borges de Freitas

MADRAS®

Publicado originalmente em inglês sob o título *The Gardnerian Book of Shadows*.
Direitos de tradução para todos os países de língua portuguesa.
Tradução autorizada do inglês.
© 2022, Madras Editora Ltda.

Editor:
Wagner Veneziani Costa (*in memoriam*)

Produção e Capa:
Equipe Técnica Madras

*Tradução:*
Soraya Borges de Freitas

*Rivisão da Tradução:*
Jefferson Rosado

Revisão:
Ana Paula Luccisano
Maria Cristina Scomparini

---

Dados Internacionais de Catalogação na Publicação
(CIP)(Câmara Brasileira do Livro, SP, Brasil)

Gardner, Gerald B., 1884-1964
O livro das sombras de gardner/Gerald B. Gardner; tradução Soraya Borges de Freitas. – São Paulo: Madras Editora, 2022.
Título original: The gardnerian book of shadows

ISBN 978-65-5620-043-9

1. Bruxaria 2. Espiritualidade 3. Wicca
I. Título.

22-108168             CDD-299

Índices para catálogo sistemático:
1. Wicca: Religião   299
Aline Graziele Benitez – Bibliotecária – CRB-1/3129

---

Embora esta obra seja de domínio público, o mesmo não ocorre com a sua tradução, cujos direitos pertencem à Madras Editora, assim como a adaptação e a coordenação da obra. Fica, portanto, proibida a reprodução total ou parcial desta obra, de qualquer forma ou por qualquer meio eletrônico, mecânico, inclusive por meio de processos xerográficos, incluindo ainda o uso da internet, sem a permissão expressa da Madras Editora, na pessoa de seu editor (Lei nº 9.610, de 19/2/1998).

Todos os direitos desta edição, em língua portuguesa, reservados pela

**MADRAS EDITORA LTDA.**
Rua Paulo Gonçalves, 88 — Santana
CEP: 02403-020 — São Paulo/SP
Tel.: (11) 2281-5555 – (11) 98128-7754
www.madras.com.br

# Índice

O Traçado do Círculo ............................................................... 9

Atrair a Lua ............................................................................ 13

A Carga da Deusa: "Desvelar" ............................................. 15

A Iniciação do Primeiro Grau ............................................... 19

A Iniciação do Segundo Grau ............................................... 27

A Iniciação do Terceiro Grau ............................................... 33

Bolos e Vinho ......................................................................... 37

Rituais do Sabbat: Véspera de Novembro ........................ 39

Rituais do Sabbat: Véspera de Fevereiro .......................... 43

Rituais do Sabbat: Véspera de Maio .................................. 45

Rituais do Sabbat: Véspera de Agosto .............................. 47

Sobre os Cânticos ................................................................... 49

Como Ajudar os Doentes .................................................... 51

O Açoite e o Beijo ............................................................ 57

A Sacerdotisa e a Espada ................................................. 63

O Aviso .............................................................................. 65

A Ordália da Arte Mágica ................................................ 69

O Caminho Óctuplo ......................................................... 71

Como Ganhar a Visão ...................................................... 75

Poder ................................................................................. 81

Preparação Adequada ...................................................... 85

A Dança da Reunião ........................................................ 87

Como Sair do Corpo ........................................................ 89

As Ferramentas de Trabalho ............................................ 91

Vestidos de Céu ............................................................... 95

Uma Revisão do Procedimento

para Lançar Feitiços ......................................................... 99

A Carga em Prosa .......................................................... 103

Bolos e Vinho ................................................................. 107

Rituais do Sabbat: Equinócio de Primavera ................. 109

Rituais do Sabbat: Solstício de Verão .................... 111

Rituais do Sabbat: Equinócio de Outono .................. 115

Rituais do Sabbat: Solstício de Inverno .................. 117

O Percurso ou Caminho Óctuplo ........................ 121

A Iniciação do Primeiro Grau ........................... 123

A Iniciação do Segundo Grau ........................... 133

A Iniciação do Terceiro Grau ........................... 141

O Cântico ou Runa das Bruxas ......................... 145

Ferramentas de Consagração ........................... 147

As Leis Antigas ....................................... 151

A Carga em Verso .................................... 169

Lançar e Carregar .................................... 171

Formação do Círculo .................................. 173

# O Traçado do Círculo

(1949)

É mais conveniente marcar o círculo com giz, tinta ou outra coisa para demonstrar onde ele está, mas marcas no carpete podem ser utilizadas. Móveis podem ser colocados para indicar os limites. O único círculo que interessa é aquele traçado antes de cada cerimônia com uma Espada Mágica consagrada ou um punhal ritualístico, o Athame. O círculo costuma ter por volta de 2,5 metros de diâmetro, a menos que seja feito para algum propósito muito especial. Há dois círculos externos, cada um a 15 centímetros de distância do outro, de modo que o terceiro círculo fica com um diâmetro de cerca de 3,35 metros.

[1] Depois de escolher um lugar adequado, pegue a foice ou a cimitarra da Arte, ou um Athame de Bruxa, se o tiver, e finque-o no centro. Em seguida, pegue uma corda,

ou melhor, nesse caso, um Cabo de Reboque, e o amarre no instrumento a 1,37 metro do chão, e então trace a circunferência do círculo, que deve ser feita com a Espada ou o punhal de cabo preto, ou, se isso não for possível, deixe sempre uma porta aberta na direção norte. Faça três círculos no total, um dentro do outro, e escreva nomes de poder entre eles.

[2] Primeiro, trace o círculo com a Espada Mágica ou o Athame.

[3] Consagre o Sal e a Água: toque a água com o Athame, dizendo: "Exorcizo-te, ó Criatura da Água, para banir de ti todas as impurezas e imundícies dos Espíritos do Mundo Fantasmagórico, para que não me façam mal, em nome de Aradia e Cernunnos".

[4] Tocando o Sal com o Athame, pronuncie: "Que as Bênçãos de Aradia e Cernunnos recaiam sobre esta criatura de Sal e a libertem de todos os males e obstáculos, e deixem o bem entrar, pois sem ti a humanidade não pode viver, por isso te abençoo e rogo-te que me auxilies".

[5] Adicione o Sal na água.

[6] Borrife com a água exorcizada.

[7] Acenda velas, dizendo: "Exorcizo-te, ó Criatura do Fogo, para que todos os tipos de Fantasmas sejam banidos de ti e fiquem incapazes de prejudicar ou enganar de qualquer forma, em nome de Aradia e de Cernunnos".

[8] Alerte o novato (se houver algum); avise os companheiros; entre no círculo e feche as portas com três pentagramas.

[9] Proclame o objetivo do trabalho.

[10] Dê três voltas ou mais no círculo antes de começar o trabalho.

[11] Invocação: "Invoco-vos, incito-vos e rogo-vos, ó Poderosos do Leste, Sul, Oeste e Norte". Saúde-os e desenhe um pentáculo com a Espada Mágica ou o Athame, começando de cima para baixo do lado esquerdo.

# Atrair a Lua

(1949)

A Suma Sacerdotisa vai para a frente do altar e assume a posição da Deusa (com os braços cruzados). O Mago ajoelha-se na frente dela e desenha o pentáculo em seu corpo com uma Varinha com a ponta de falo, invocando: "Invoco-te e suplico-te, ó poderosa Mãe de toda vida e fertilidade. Pela semente e pela raiz, pelo talo e pelo broto, pela folha, flor e fruto, pela Vida e pelo Amor, invoco-te a baixar no corpo de tua serva e Suma Sacerdotisa [nome]". Depois de atrair a Lua, isto é, depois de estabelecido o elo, o Mago e outros homens dão o Beijo Quíntuplo:

(Beijando os pés) "Abençoados sejam teus pés, que te levaram por estes caminhos."

(Beijando os joelhos) "Abençoados sejam teus joelhos, com os quais te ajoelhas no altar sagrado."

(Beijando o útero) "Abençoado seja teu útero, sem o qual não existiríamos."

(Beijando os seios) "Abençoados sejam teus seios, formados em beleza e força."

(Beijando os lábios) "Abençoados sejam teus lábios, que falarão os nomes sagrados."

Todas as mulheres se curvam em reverência.

Se houver uma iniciação, então neste momento o Mago e a Suma Sacerdotisa, na posição da Deusa (com os braços cruzados), pronunciam a Carga enquanto o Novato fica fora do círculo.

# A Carga da Deusa: "Desvelar"

(1949)

Mago: "Ouvi as palavras da Grande Mãe, que em tempos antigos também era chamada entre os homens de Ártemis, Astarte, Dione, Melusina, Afrodite, Cerridwen, Diana, Arianrhod, Brida e por muitos outros nomes".

Suma Sacerdotisa: "Em meus Altares a juventude de Lacedemônia, em Esparta, fez o devido sacrifício. Sempre que necessitardes de algo, uma vez por mês, melhor se for quando a lua estiver cheia, deveis reunir-vos em algum local sagrado e adorar Meu Espírito. Eu sou a Rainha de todas as Bruxarias e Magias. Lá deve se reunir todo aquele que estiver disposto a aprender todos os feitiços, mas que não conquistou seus mais profundos segredos. Para esses, eu ensinarei coisas que ainda são desconhecidas. E ficareis livres da escravidão, e, como um sinal de que sereis realmente livres, deveis ficar nus em seus ritos, tanto homens como mulheres, e deveis dançar, cantar, festejar, fazer música e amor, tudo em meu louvor. Há uma Porta Secreta que eu criei para estabelecer o caminho para provar até na terra o elixir da imortalidade. Dizei: 'Que o êxtase seja meu, e a felicidade na terra venha até mim, Para Mim', pois sou uma Deusa graciosa. Concedo alegrias inimagináveis na terra, certeza, não fé, ainda em vida! E, na morte, paz indescritível, descanso e êxtase, nem exijo nada em sacrifício".

Mago: "Ouvi as palavras da Deusa Estrelar".

Suma Sacerdotisa: "Eu vos amo. Anseio por vós: pálidos ou purpúreos, velados ou voluptuosos. Eu, que sou toda prazer, e púrpura, e embriaguez dos sentidos mais íntimos, desejo-vos. Vesti as asas, despertai o esplendor enroscado dentro de vós. Vinde a mim, pois eu sou a chama que arde no coração de cada homem e no núcleo de cada Estrela. Deixai libertos seus eus divinos mais íntimos que estão perdidos no arrebatamento constante do júbilo infinito. Que os rituais sejam realizados de forma correta com júbilo e beleza. Lembrai-vos de que todos os atos de amor e prazer são meus rituais. Então, que o vigor e a beleza, as gargalhadas, a força e o fogo estejam dentro de vós. E se afirmares: 'Vim até ti, e foi em vão', em vez de dizer: 'Invoquei-te, e esperei com toda paciência, e eis que estiveste comigo desde o princípio', pois aqueles que alguma vez me desejaram, ter-me-ão para sempre, até o fim de todo o desejo".

Esse trecho dos ritos deve sempre ser realizado como uma preparação para qualquer iniciação, seja de um grau, seja de todos os três.

# A Iniciação do Primeiro Grau

(1949)

O Mago sai do círculo pela entrada, aproxima-se da Postulante e diz: "Como não há outro irmão aqui, devo ser teu padrinho, bem como sacerdote. Estou prestes a dar-te um aviso. Se ainda estiveres disposta, responde com estas palavras: 'Amor Perfeito e Confiança Perfeita'". Colocando a ponta da espada no seio da Postulante, ele diz: "Ó tu, que estás no limiar entre o mundo agradável dos homens e os domínios dos Veneráveis Senhores dos Espaços Externos, tens a coragem de passar pela Prova? Pois em verdade te digo, seria melhor avançar em minha arma e perecer miseravelmente do que fazer a tentativa com medo em teu coração".

Postulante: "Eu tenho duas senhas: Amor Perfeito e Confiança Perfeita".

O Mago abaixa a espada, dizendo: "Todo aquele que se aproxima com amor perfeito e confiança perfeita é duplamente bem-vindo". Indo para atrás da Postulante, ele venda seus olhos, coloca seu braço esquerdo em volta da cintura dela e o direito ao redor do pescoço, e puxa a cabeça dela para trás, enunciando: "Dou-te a terceira senha, um Beijo para passar por este temível Portal"; ele a empurra pelo portal para entrar ao círculo. Dentro dele, ele a solta, dizendo: "Este é o caminho de todos aqueles que são trazidos pela primeira vez ao círculo". O Mago fecha o portal, riscando-o com a ponta da espada três vezes, unindo todos os três círculos, proferindo: "Agla, Azoth, Adonai", e então desenha três pentáculos para selá-lo. O Mago guia a Postulante ao sul do altar e sussurra: "Agora vamos à Ordália". Pegando um pedaço curto de corda do altar, ele amarra no tornozelo direito dela, dizendo: "Pés nem presos nem livres". Pegando uma corda maior, ele junta as duas mãos dela atrás das costas e as amarra. Em seguida as levanta, de modo que os braços formem um triângulo, e amarra a corda em volta de seu pescoço, deixando a ponta pendurada na frente como um Cabo de Reboque. O

Mago, então, com o reboque na mão esquerda e a espada na direita, a conduz em sentido horário pelo círculo para o leste, onde ele saúda com a espada e proclama: "Tomai nota, ó Senhores das Torres do Leste, (nome), devidamente preparada, tornar-se-á uma Sacerdotisa e uma Bruxa".

O Mago a leva da mesma forma ao sul, ao oeste e ao norte, fazendo a proclamação em cada quadrante. Em seguida, envolvendo a cintura da Postulante com o braço esquerdo e segurando a espada ereta com a mão direita, ele a faz percorrer três vezes o círculo meio correndo, meio dançando. Ele a faz parar ao sul do altar e toca o sino 11 vezes.

Então, ajoelha-se aos seus pés, dizendo: "Nas outras religiões as postulantes se ajoelham, enquanto os Sacerdotes clamam ter poder supremo, mas, na Arte Mágica, somos ensinados a ser humildes, então nós nos ajoelhamos para recebê-las e declaramos:

'Abençoados sejam teus pés, que te levaram por esses caminhos'. (Ele beija seus pés.)

'Abençoados sejam teus joelhos, que se ajoelharão no altar sagrado'. (Ele beija seus joelhos.)

'Abençoado seja teu útero, sem o qual não existiríamos'. (Ele beija seu Órgão da Geração.)

'Abençoados sejam teus seios, formados em beleza e força'. (Ele beija seus seios.)

'Abençoados sejam teus lábios, que pronunciarão os nomes sagrados'". (Ele beija seus lábios.)

Tire as medidas da Postulante da seguinte forma: altura, em volta da testa, em volta do coração e em volta dos genitais. O Mago diz: "Ajoelha-te, por favor", e a ajuda a se ajoelhar diante do altar. Ele amarra a ponta da Corda em um anel no altar, de modo que a Postulante fique inclinada para a frente, com a cabeça quase tocando o chão. Ele também amarra os pés dela com a corda pequena. O Mago toca o sino três vezes e diz: 'Estás pronta para jurar que serás sempre verdadeira para com a Arte?'"

Bruxa: "Estou".

O Mago bate o sino sete vezes e diz: "Antes do juramento, estás disposta a passar pela ordália e ser purificada?".

Bruxa: "Sim".

O Mago bate o sino 11 vezes, tira o açoite do altar e dá uma série de três, sete, nove e 21 chibatadas nas nádegas da Postulante. O Mago diz: "Passaste bravamente pelo teste. Estás sempre pronta a ajudar, proteger e defender teus irmãos e irmãs da Arte?".

Bruxa: "Estou".

Mago: "Estás armada?".

Bruxa: "Com um punhal em meu cabelo".

Mago: "Então sobre esse punhal jurarás segredo absoluto?".

Bruxa: "Sim".

Mago: "Então repita depois de mim: 'Eu (nome), na presença dos Poderosos, por livre e espontânea vontade, juro solenemente que sempre manterei sigilo e jamais revelarei os segredos da Arte, a não ser que seja a uma pessoa adequada, devidamente preparada, dentro de um círculo como este em que estou agora. Juro tudo isso pela minha esperança em uma vida futura, ciente de que minhas medidas foram tiradas e de que minhas armas podem se voltar contra mim se eu quebrar meu juramento solene'".

O Mago agora solta seus pés, desamarra o Cabo de Reboque do altar, retira a venda e a ajuda a se levantar.

Ele diz: "Assim eu te marco com o sinal triplo".

"Consagro-te com óleo." (Ele a unge com óleo no útero, na mama direita, na mama esquerda e no útero de novo.)

"Consagro-te com vinho." (Ele a unge com vinho da mesma forma.)

"Consagro-te com meus lábios", beija-a da mesma forma, "Sacerdotisa e Bruxa".

O Mago desamarra suas mãos e retira a última corda, dizendo: "Agora eu te Apresento às Ferramentas de Trabalho de uma Bruxa. Primeiramente, a Espada Mágica. Com ela, assim como o Athame, podes formar todos os Círculos Mágicos, dominar, subjugar e punir todos os Espíritos e Demônios rebeldes, e até persuadir Anjos e Gênios. Com ela em suas mãos és a regente do Círculo. [Aqui, 'beijo' significa que a iniciada beija a ferramenta, e o Mago então beija a Bruxa sendo iniciada.]

Depois eu apresento o Athame. Esta é a verdadeira arma de uma Bruxa e tem todos os poderes da Espada Mágica [beijo].

Agora eu apresento a Faca de Cabo Branco. Serve para formar todos os instrumentos usados na Arte. Só pode ser utilizada dentro de um Círculo Mágico [beijo].

Eu te apresento a Varinha. Serve para conjurar e controlar certos Anjos e gênios, para os quais não está autorizada a usar a Espada Mágica [beijo].

Em seguida eu te apresento os pentáculos. Eles servem para invocar Espíritos apropriados [beijo].

Depois eu apresento o Incensário. Ele é usado para encorajar e receber os Bons Espíritos e banir os Maus" [beijo].

Apresento-te então o açoite. Este é um símbolo de poder e dominação. Serve também para causar sofrimento e purificação, pois está escrito: para aprender deves sofrer e ser purificada. Estás disposta a sofrer para aprender?"

Bruxa: "Estou" [beijo].

Mago: "Por último, apresento-te as Cordas. Elas servem para atar os sigilos na Arte, a base material, e impor tua vontade. Elas também são necessárias no juramento. Saúdo-te em nome de Aradia e Cernunnos, Recém-formada Sacerdotisa e Bruxa". O Mago toca o sino sete vezes e beija a Bruxa novamente, circula com ela, proclamando aos quatro quadrantes: "Ouvi, ó Poderosos, (nome) foi consagrada Sacerdotisa e Bruxa dos Deuses". (Observação: para encerrar a cerimônia, feche o círculo com "Agradeço-vos pela presença. Vós podeis retornar para vossas agradáveis moradas. Saúdo-vos e despeço-me". Se não for encerrar, prossiga para o próximo grau.)

# A Iniciação do Segundo Grau

O Mago amarra a Bruxa como antes, mas não a venda, e percorre com ela o círculo, proclamando aos quatro quadrantes: "Ouvi, ó Poderosos, (nome), uma devidamente consagrada Sacerdotisa e Bruxa, agora está preparada para se tornar Suma Sacerdotisa e Rainha Bruxa". Ele agora a conduz três vezes dentro do círculo, meio correndo, meio dançando, até parar ao sul do altar, onde a faz ajoelhar-se e a prende ao altar como antes.

Mago: "Para obteres este grau sublime, é necessário sofreres e seres purificada. Estás pronta a sofrer para Aprender?"

Sacerdotisa Bruxa: "Sim".

Mago: "Preparo-te para fazer o grande juramento".

Ele bate o sino três vezes e novamente dá a série de três, sete, nove e 21 chibatadas como antes.

Mago: "Concedo-te agora um novo nome: _____ [beijo].

Mago: "Repete teu nome depois de mim, eu (nome) juro, pelo útero da minha mãe e por minha Honra entre os homens e entre meus irmãos e irmãs da Arte, que jamais revelarei a ninguém qualquer um dos segredos da Arte, exceto se for uma pessoa honrada, devidamente preparada, no centro de um Círculo Mágico, como este em que estou agora. Isso eu juro por minhas esperanças de Salvação, minhas vidas passadas e minhas esperanças de vidas futuras, e entrego-me à destruição completa se quebrar este meu juramento solene".

O Mago ajoelha-se, colocando sua mão esquerda sob os joelhos e a mão direita na cabeça dela, formando assim um elo mágico.

Mago: "Por este meio eu concedo-te todo o meu poder". Concede.

Agora o Mago desamarra os pés dela, solta o Cabo de Reboque do altar e ajuda a Bruxa a se levantar.

Mago: "Agora eu te marco e te consagro com o grande Sinal Mágico. Lembra-te de como ele é formado e sempre o reconhecerás".

"Consagro-te com óleo." (Ele a unge com óleo no útero, no seio direito, no quadril direito, no seio esquerdo e no útero novamente, traçando assim um pentáculo apontado para baixo.)

"Consagro-te com vinho." (Ele a unge com vinho da mesma forma.)

"Consagro-te com meus lábios" (ele a beija da mesma forma), "Suma Sacerdotisa e Rainha Bruxa".

O Mago agora desamarra as mãos da Bruxa e tira a corda, dizendo: "Recém-formada Suma Sacerdotisa e Rainha Bruxa" [beijo], "agora será tua vez de usar as ferramentas de trabalho".

"Em primeiro lugar, a Espada Mágica. Desenharás com ela o Círculo Mágico" [beijo].

"Em segundo lugar, o Athame" (forma o Círculo) [beijo].

"Em terceiro lugar, o Punhal de Cabo Branco" (usa) [beijo].

"Em quarto lugar, a Varinha" (ela a brande para os Quatro Quadrantes) [beijo].

"Em quinto lugar, o Pentáculo" (mostra aos Quatro Quadrantes) [beijo].

"Em sexto lugar, o Incensário" (balança, incensa) [beijo].

"Em sétimo lugar, as cordas; amarra-me como eu te amarro." A Bruxa amarra o Mago e o prende ao Altar.

Mago: "Aprende que, na Bruxaria, deves devolver o triplo. Como eu te açoitei, deves açoitar-me, mas três vezes mais. Então, onde recebeste três, deves devolver nove; onde recebeste sete, devolve 21; onde recebeste nove, devolve 27; onde recebeste 21, devolve 63". A Bruxa açoita o Mago como instruída, em um total de 120 chibatadas.

Mago: "Obedeceste à Lei. Mas, vê bem, quando receberes o bem, então estás igualmente obrigada a retornar o bem três vezes".

A Bruxa agora desamarra o Mago e o ajuda a se levantar. Ele, tomando a nova Iniciada pela mão e segurando o Athame na outra, perambula por uma vez pelo Círculo, proclamando aos Quatro Quadrantes: "Ouvi, ó Poderosos, (nome) foi devidamente consagrada Suma Sacerdotisa e Rainha Bruxa".

Observação: se a cerimônia terminar aqui, feche o círculo com "Saúdo-vos e despeço-me". Se não, continue com o próximo grau.

# A Iniciação do Terceiro Grau

Mago: "Antes de prosseguirmos com este sublime grau, rogo-te que tuas mãos me purifiquem".

A Suma Sacerdotisa amarra o Mago e o prende ao altar. Ela circula por três vezes e açoita o Mago com três, sete, nove e 21 chibatadas. Ela então o desamarra e o ajuda a se levantar. O Mago agora amarra a Suma Sacerdotisa e a prende ao altar. Ele circula, proclamando aos Quatro Quadrantes: "Ouvi, ó Poderosos, a duas vezes consagrada e Santa (nome), Suma Sacerdotisa e Rainha Bruxa, está devidamente preparada e agora erigirá o Altar Sagrado". O Mago açoita a Suma Sacerdotisa três, sete, nove e 21 vezes. Agora podem comer bolos e beber vinho [veja "Bolos e Vinho"].

Mago: "Agora devo revelar-te um grande Mistério" [beijo].

Observação: se a Suma Sacerdotisa realizou este rito antes, omita essas palavras. A Suma Sacerdotisa assume a posição de Osíris.

Mago: "Ajuda-me a erigir o Altar Antigo, no qual em tempos idos todos cultuavam, o Grande Altar de todas as coisas, pois em tempos idos uma mulher era o Altar. Assim o Altar era feito e então posicionado [a Sacerdotisa se deita de tal forma que sua vagina fique aproximadamente no centro do círculo] e o local sagrado era o ponto no centro do círculo, como nós outrora aprendemos que o ponto no centro é a origem de todas as coisas. Portanto, devemos adorá-lo" [beijo].

"Portanto, quem nós adoramos, também invocamos, pelo poder da lança ereta." Invoca. "Ó círculo de estrelas [beijo], do qual nosso Pai é apenas o irmão mais novo [beijo], admira-te além da imaginação, alma do espaço infinito, diante de quem o tempo se envergonha, a mente fica desnorteada e a compreensão obscura, a ti não podemos alcançar a menos que tua imagem seja de amor [beijo]."

"Portanto, pela semente e pela raiz, pelo talo e pelo broto, pela folha, pela flor e pelo fruto, invocamos-te, ó Rainha do espaço, ó orvalho de luz, ó constante do Céu [beijo]. Que seja sempre assim, que os homens não falem de Ti como alguma, mas como nenhuma, e que eles não falem de ti de qualquer modo, pois és contínua, pois és o ponto dentro do círculo [beijo], que adoramos [beijo], a fonte da vida sem a qual nós não existiríamos [beijo]. E dessa forma verdadeiramente são erigidos os Sagrados Pilares Gêmeos Boaz e Joaquim [beija os seios]. Na beleza e na força eles foram erigidos, para a maravilha e a glória de todos os homens".

(Beijo óctuplo: três pontos, lábios, dois seios e de volta aos lábios; cinco pontos.)

"Ó Segredos dos segredos que estão ocultos no ser de todas as vidas. Não adoramos a vós, pois aquele que adora também é vós. Vós sois aquele e Aquele sou eu" [beijo].

"Eu sou a chama que arde em cada homem, no centro de cada estrela" [beijo].

"Eu sou Vida e o doador da Vida, ainda assim conhecer-me é Conhecer a Morte" [beijo].

"Sou solitário, o Senhor dentro de vós cujo nome é Mistério dos Mistérios" [beijo].

"Abri o caminho da inteligência entre nós, pois estes são de fato os cinco pontos de companheirismo [à direita aparece um diagrama iluminado do triângulo apontado para cima sobre pentáculo, o símbolo do terceiro grau], pé com pé, joelho com joelho, virilha com virilha, seio com seio, braços ao redor das costas, lábios com lábios, pelos Grandes e Santos Nomes Abracadabra, Aradia e Cernunnos."

Mago e Suma Sacerdotisa: "Encorajai nossos corações, que vossa Luz se cristalize em nosso sangue, preenchendo-nos de Ressurreição, pois não há parte de nós que não seja dos Deuses".

(Trocam nomes.)

Fechando o Círculo, a Suma Sacerdotisa circula, proclamando: "A duplamente consagrada Suma Sacerdotisa saúda-vos, ó Poderosos, e vos envia a vossas agradáveis moradas. Saúdo-vos e despeço-me".

Ela desenha o pentáculo de banimento em cada quadrante.

## Bolos e Vinho

(1949)

O Mago ajoelha-se, enche a Taça, oferece à Bruxa [ela está sentada no altar, segurando o Athame; o Sacerdote ajoelha-se diante dela, erguendo a taça].

A Bruxa, segurando o Athame entre as mãos, coloca a ponta dele na taça.

Mago: "Assim como o Athame é o Homem, a Taça é a mulher; assim, juntos, eles trazem a bênção".

A Bruxa larga o Athame, pega a Taça com as duas mãos, bebe e dá de beber. O Mago segura a Pátena para a Bruxa, que a abençoa com o Athame, come e dá de Comer. Dizem que outrora se usavam hidromel ou cerveja no lugar do vinho. Dizem que qualquer bebida alcóolica pode ser utilizada, desde que tenha vida.

# Rituais do Sabbat: Véspera de Novembro

(1949)

Caminhando ou dançando lentamente, o Mago conduz a Sacerdotisa. Os dois carregam uma varinha fálica ou vassoura, as pessoas carregam tochas ou velas.

A Bruxa entoa ou canta:

"Eko, eko, Azarak Eko, eko, Zomelak Bazabi lacha bachabe Lamac cahi achababe Karrellyos Lamac lamac Bachalyas cabahagy sabalyos Baryolos Lagoz atha cabyolas Samahac atha famolas Hurrahya!"

Formam o círculo.

A Suma Sacerdotisa assume a posição da Deusa.

O Mago dá o Beijo Quíntuplo e é açoitado.

Todos são purificados [isto é, amarrados e açoitados 40 vezes, como nos rituais de iniciação].

O Mago assume a posição do Deus.

A Suma Sacerdotisa invoca com o Athame: "Venerável Senhor das Sombras, deus da vida e doador de vida. Ainda assim o conhecimento de ti é o conhecimento da morte. Abre bem, rogo-te, teus portões pelos quais todos devem passar. Deixa que nossos entes queridos que já se foram retornem nesta noite para celebrar conosco.

E, quando chegar nossa hora, como deverá acontecer, ó tu, o confortador, o consolador, o doador de paz e descanso, nós entraremos em teus domínios felizes e destemidos, pois saberemos que, quando descansarmos e nos revigorarmos entre nossos entes queridos, nasceremos de novo por tua graça e a graça da Grande Mãe.

Que seja no mesmo lugar e ao mesmo tempo que nossos entes queridos, e que possamos encontrá-los, reconhecê-los e amá-los de novo. Baixa, nós te rogamos, em teu servo e Sacerdote (nome)".

A Suma Sacerdotisa dá o Beijo Quíntuplo no Mago.

Prossiga com as iniciações, se houver. Todos os outros são purificados.

Observação: os casais devem purificar um ao outro, se quiserem.

Bolos e vinho.

O Grande Rito, se possível, seja ele simbólico, seja de verdade.

Despeça-se [dos guardiões e feche o círculo mágico; as pessoas então ficam para] a ceia e danças.

# Rituais do Sabbat: Véspera de Fevereiro

Depois da abertura usual, todos são duplamente purificados [isto é, com 80 chibatadas].

Dance ao redor do círculo externo. A Suma Sacerdotisa está com a espada cingida e desembainhada, e segura a varinha fálica na mão esquerda.

Entra no círculo.

O Mago assume a posição do Deus.

A Suma Sacerdotisa dá o Beijo Quíntuplo, invocando: "Venerável Senhor da morte e da Ressurreição, vida e doador da vida, o Senhor, cujo nome é Mistério dos Mistérios, está dentro de nós, encoraja nossos corações. Que a luz cristalize em nosso sangue, preenchendo-nos de ressurreição, pois não há parte de nós que não seja dos deuses. Baixa, rogo-te, neste teu servo e Sacerdote (nome)".

Todos devem ser purificados em sacrifício diante dele. Ele então purifica a Suma Sacerdotisa com suas próprias mãos, e outros, se quiser.

Bolos e vinho.

Grande Rito, se possível, simbólico ou real.

Jogos e danças, se as pessoas quiserem.

Despeça-se [dos guardiões e feche o círculo mágico; as pessoas ficam para] a ceia e danças.

# Rituais do Sabbat: Véspera de Maio

Se possível, montem em mastros, vassouras, etc. A Suma Sacerdotisa vai na frente, com um passo de dança rápido, cantando:

"Ó, não contes aos sacerdotes sobre nossa arte, pois eles a chamariam de pecado. Nós ficaremos na mata a noite toda invocando e conjurando o verão a chegar.

Nós lhes anunciamos as boas-novas de boca em boca. Para mulheres, gado e milho: o Sol nasce do sul, com carvalho e freixo, e espinho".

Dança do encontro, se possível.

Formem o círculo, como sempre, e purifiquem-se.

A Suma Sacerdotisa assume a posição da Deusa; todos os sacerdotes dão o Beijo Quíntuplo.

Ela purifica todos.

A Suma Sacerdotisa assume novamente a posição da Deusa.

O Mago invoca, atrai a Lua: "Invoco-te e rogo-te, ó poderosa Mãe de todos nós, portadora de toda a fecundidade, por semente e raiz, talo e broto, por folha, flor e fruto, pela vida e pelo amor, nós te invocamos a baixar aqui no corpo de tua serva e Sacerdotisa".

O Mago dá o Beijo Quíntuplo na Suma Sacerdotisa.

Todos devem ser purificados em sacrifício diante dela, e ela deve purificar o Mago e alguns outros com as próprias mãos.

Bolos e vinho.

Jogos.

Grande Rito, se possível, simbólico ou verdadeiro.

Despeça-se [dos guardiões e feche o círculo mágico. As pessoas então ficam para] a ceia e danças.

# Rituais do Sabbat: Véspera de Agosto

Se possível, montem em mastros, vassouras, etc.

Dança coletiva, se possível [a dança da espiral dupla descrita em *A Bruxaria Hoje**].

Formem o círculo.

Purifiquem-se.

A Suma Sacerdotisa fica em posição de pentáculo.

O Mago a invoca: "Ó poderosa Mãe de todos, Mãe de toda fecundidade, dá-nos frutos e grãos, manadas e rebanhos e filhos às tribos, para que nós possamos ser poderosos, por teu auspicioso amor, baixa aqui em tua serva e Sacerdotisa (nome)".

---
*N.T.: Livro publicado em língua portuguesa pela Madras Editora.

O Mago dá o Beijo Quíntuplo na Suma Sacerdotisa.

Jogo das velas: sentados, os homens formam um círculo, passando uma vela acesa de mão em mão em sentido horário. As mulheres formam um círculo do lado de fora, tentando soprar a vela sobre seus ombros. O último a ficar com a vela quando ela apagar é três vezes purificado por quem a apagou, dando um Beijo Quíntuplo em troca. Esse jogo pode continuar por quanto tempo as pessoas quiserem.

Bolos e vinho, e quaisquer outros jogos que quiserem.

Despeça-se [dos guardiões e feche o círculo mágico. As pessoas então ficam para] a ceia e danças.

# Sobre os Cânticos

(1953)

No passado, havia muitos cânticos e canções usados especialmente nas Danças. Muitos deles foram esquecidos por nós aqui, mas sabemos que utilizavam os gritos de IAU, o que parece muito com os gritos EVO ou EVOHE dos antigos. Muito depende da pronúncia, se esse for o caso. Na minha juventude, quando eu ouvia IAU, soava com AEIOU, ou melhor, AAAEEIOOOOUU. Essa pode ser apenas a forma natural de prolongar o som para torná-lo apto para um chamado, mas sugere que essas podem ser as iniciais de uma invocação, tal como afirmam a respeito de Agla. E, de fato, dizem que todo o alfabeto hebraico é considerado dessa maneira, por isso é recitado como um feitiço muito poderoso, mas pelo menos é certo que esses gritos durante as danças têm mesmo um efeito profundo, como eu mesmo vi.

Outros clamores são IEHOUA e EHEIE, além de Ho Ho Ho Ise Ise Ise.

IEO VEO VEO VEO VEOV OROV OV OVOVO pode ser um feitiço, mas é mais provável que seja um clamor. Ele é como o EVOE EVOE dos gregos e o grito dos marinheiros enquanto remam, "Heave ho". "Emen hetan" e "Ab hur, ab hus" parecem invocações, assim como "Horse and hattock, horse and go, horse and Pellatis, ho, ho, ho!".

"Thout, tout a tout tout, throughout and about" e "Rentum tormentum" são provavelmente tentativas mal pronunciadas de uma fórmula esquecida, embora elas possam ter sido inventadas por alguma pessoa infeliz sendo torturada, para não revelar a fórmula verdadeira.

# Como Ajudar os Doentes

(1953)

[1] Lembre-se sempre da promessa da deusa: "Pois o êxtase é meu e a alegria na Terra", então que haja sempre alegria em seu coração. Cumprimente as pessoas com alegria, alegre-se em vê-las. Se os tempos estiverem difíceis, pense: "Poderia ser pior. Pelo menos eu conheci as alegrias do Sabbat, e as conhecerei de novo". Pense na grandeza, na beleza e na Poesia dos ritos, dos entes queridos que conheceu por meio deles. Se você viver com essa alegria interior, sua saúde ficará melhor. Você deve tentar banir todo medo, pois ele realmente o tocará. Ele pode machucar seu corpo, mas sua alma está acima de tudo isso.

[2] E lembre-se sempre de que, se você ajudar os outros, esquecerá seus próprios males. E, se a outra pessoa estiver com dor, faça o que puder para distraí-la. Não

diga: "Você não tem dor", mas, se quiser, administre tanto as drogas que trazem alívio quanto as curativas. Porém, sempre tente fazê-la acreditar que está melhorando. Incuta nela pensamentos positivos. Você precisa apenas colocar isso na mente da pessoa para que ela sempre acredite.

[3] Para isso acontecer não é errado deixar as pessoas acharam que nós do culto temos mais poder do que temos. Pois a verdade é que, se elas acreditarem que temos mais poder do que realmente possuímos, nós de fato possuímos esses poderes, de tal forma que podemos fazer bem a elas.

[4] Você deve tentar descobrir algo sobre as pessoas. Se disser a um homem um pouco doente: "Você parece melhor, vai melhorar logo", ele se sentirá melhor; porém, se realmente estiver doente, ou com dor, seu Conhecimento de que sente dor o fará duvidar de suas palavras no futuro. Mas, se você lhe der um dos medicamentos e então disser: "A dor está diminuindo, logo vai passar", porque a dor vai passar, diga na próxima vez: "A dor está passando", ele acreditará em você e a dor de fato diminuirá. Mas você deve sempre dizer isso com convicção, que deve vir de você acreditar em si, porque sabe que, se consegue arrumar a mente da pessoa para que ela acredite em você, é verdade.

[5] É melhor olhar bem no meio dos olhos da pessoa, como se os seus olhos perfurassem a cabeça dela, abrindo-os o máximo que puder e nunca piscar. Esse olhar fixo constante provoca sono no paciente. Se ele demonstrar sinais disso, diga: "Você está ficando com sono. Você dormirá, está cansado. Durma. Seus olhos estão cansados. Durma". Se ele fechar os olhos, diga: "Você fecha os olhos, está cansado, não consegue abri-los". Se ele não conseguir, fale: "Seus braços estão cansados, não consegue levantá-los". Se ele não conseguir, diga: "Eu controlo sua mente. Você deve sempre acreditar no que eu contar. Quando eu olhar assim nos seus olhos, você dormirá e obedecerá à minha vontade", então sugira para o paciente dormir, que ele acordará revigorado, sentindo-se melhor.

Continue isso com medicamentos para alívio e cura, além de tentar incutir nele a sensação de êxtase que você tem no Sabbat. Ele pode não conseguir sentir por completo, mas você pode mandá-lo sentir o que está na sua mente e tentar se concentrar nesse êxtase. Se você puder contar com segurança que é do Culto, sua tarefa poderá ser mais fácil. E seria melhor mandá-lo conhecer apenas com sua mente inconsciente, e esquecer, ou pelo menos não conseguir contar para ninguém, quando desperto. Uma boa maneira é mandar que, se ele algum dia for questionado sobre Bruxaria ou Bruxas, pegar no sono na hora.

[6] Lembre-se sempre de que, quando se sentir tentado a admitir ou se gabar de pertencer ao culto, você estará colocando seus irmãos em perigo, pois, embora agora as fogueiras da perseguição tenham se extinguido, quem sabe quando elas poderão ser reavivadas? Muitos padres conhecem os nossos segredos e eles sabem bem que, embora muito do fanatismo religioso tenha se acalmado, muitas pessoas iriam querer entrar para nosso culto. E, se conhecessem a sinceridade das suas alegrias, as Igrejas perderiam o poder; então, se aceitarmos muitos recrutas, podemos soltar as fogueiras da perseguição contra nós de novo. Assim, guarde sempre os segredos.

[7] Pense em alegria, pense em amor, tente ajudar os outros e levar alegria para suas vidas. As crianças são naturalmente mais fáceis de influenciar do que os adultos. Tente sempre trabalhar com as crenças existentes das pessoas. Por exemplo, mais da metade do mundo acredita em amuletos. Uma pedra comum não é um amuleto, mas, se tiver um buraco natural nela, deve ser algo incomum; nesse caso, se o paciente tem essa crença, dê-lhe uma. Contudo, primeiro, carregue-a perto da sua pele por alguns

dias, impondo sua vontade nela, para curar a dor, para dar segurança ou para combater um medo específico, e esse amuleto pode continuar a impor sua vontade quando você não estiver presente. Os mestres de talismãs sabiam muito bem disso, quando diziam que eles devem ser feitos em um círculo, para evitar distração, por alguém cuja mente está focada no assunto do trabalho.

[8] Mas mantenha sua própria mente feliz. Lembre-se das Palavras da Deusa: "Concedo-vos alegrias inimagináveis na Terra, certeza, não fé, ainda em vida, e na morte, paz indescritível, descanso e êxtase, e a promessa de que retornareis novamente". No passado, muitos de nós fomos para as chamas rindo e cantando, então poderemos fazer isso de novo. Nós podemos ter alegria na vida e beleza, e paz e Morte e a promessa de retorno.

[9] A Bíblia fala, na verdade: "Um coração alegre faz bem como um remédio, mas um espírito abatido quebra os ossos". Porém, você pode não ter um coração alegre. Talvez tenha nascido sob um mau astro. Acho que os efeitos dos astros são superestimados, e não se pode fazer um coração alegre sob encomenda, você diz. Mas você pode, no Culto. Há processos secretos pelos quais suas vontades e imaginação podem ser influenciadas. Esse processo

também afeta o corpo e traz alegria a ele. Se seu corpo for feliz, sua mente também será. Você se sente bem porque é feliz, e é feliz por se sentir bem.

[10] Uma oração pode ser usada com bom resultado se o paciente acreditar que pode e vai funcionar. Muitos acreditam que pode funcionar, mas não creem que seu Deus ou santo os ajudarão. Orações à Deusa ajudam, especialmente a Oração do Chifre Amalteano, pois ela estimula tanto o corpo como a mente.

# O Açoite e o Beijo

(1953)

[1] Invocação

(Pés, joelhos e pulsos devem ser amarrados com firmeza para retardar a circulação.) Dê 40 ou mais chibatadas para deixar a pele formigando, então invoque a Deusa, exclamando:

"Salve, Aradia, do Chifre Amalteano! Verte tua porção de Amor. Eu me curvo humilde perante a Ti! Invoco-te no fim quando outros Deuses caíram e são desprezados. Teu pé está para meus lábios! Meus suspiros inatos ascendem, tocam, envolvem teu coração. Então passa, Amor Piedoso, Compaixão mais carinhosa, desce e traz-me sorte, pois estou solitário e desolado".

Peça à Deusa para ajudá-lo a conquistar seus desejos, então açoite de novo para amarrar o feitiço. Ele pode ser poderoso no caso de má sorte e doenças. Deve ser declamado em um Círculo, e você deve estar adequadamente preparado e bem purificado, tanto antes como depois de declamar, para amarrar o feitiço. Antes de começar, você deve formar uma imagem bem clara na sua mente do que deseja. Veja seu desejo realizado. Saiba na sua mente exatamente o que é e como deve ser realizado. Esse feitiço me foi ensinado há muito tempo e eu vi que funciona, mas não acho que haja alguma virtude especial nessas palavras. Pode-se substituir por quaisquer outras desde que seja um pedido de ajuda à deusa (ou aos deuses), diga com clareza o que você deseja e forme a imagem mental nitidamente. Se ele não funcionar a princípio, continue tentando até funcionar. Seu (sua) assistente, que segura o açoite, também deve saber qual é o seu desejo e formar a imagem mental. E, antes de qualquer forma, será melhor para você trabalhar o feitiço, então o(a) garoto(a) deve tomar seu lugar e trabalhá-lo também; você o(a) açoita. Não tente nada difícil no início, e faça isso pelo menos uma vez por semana até funcionar. Vocês precisam sentir empatia um pelo outro, antes de qualquer coisa acontecer, e o trabalho regular ajuda nisso. Tratando-se dos feitiços, as palavras exatas pouco importam, se a intenção for clara e você evocar o poder verdadeiro e suficiente para isso. Sempre rimados eles estão. Há algo fantástico na rima. Eu testei, e os feitiços parecem perder seu poder sem a rima. Também rimadas, as palavras parecem falar sozinhas. Você não precisa parar e pensar: "O que vem agora?". Fazer isso tira muito da sua intenção.

[2] Ordem e disciplina devem ser mantidas. Um Sumo Sacerdote ou Suma Sacerdotisa podem e devem punir todos os erros nesse sentido, e todos no Culto devem aceitar essas correções de boa vontade. Todos são irmãs e irmãs por isso, pois até a Suma Sacerdotisa deve submeter-se ao açoite. Cada falha deve ser corrigida separadamente. O Sacerdote ou Sacerdotisa devem ser preparados de forma adequada e julgar os culpados. Eles devem ser preparados como se fosse para a iniciação e se ajoelharem, ouvirem sua falha e sua sentença serem pronunciadas. A punição deve ser pelo açoite, seguida de uma penalidade de vários beijos quíntuplos ou algo dessa natureza. O culpado deve reconhecer a justiça da punição beijando mãos e sendo açoitado ao receber a sentença e, novamente, quando agradecer a punição recebida.

[3] As chibatadas são em séries de três, sete, nove (três vezes três) e 21 (três vezes sete), resultando em um total de 40. Não é apropriado fazer menos de duas [chibatadas] à Deusa, e aqui está um mistério. Os números auspiciosos são três e cinco, pois três mais dois (o Casal Perfeito) dá cinco. E três mais cinco dá oito; oito e cinco dá 13; 13 mais 8 dá 21.

O Beijo Quíntuplo é chamado assim por causa do número cinco, mas são oito beijos, se contarmos os dois pés, dois joelhos, órgãos genitais, dois seios e os lábios. E cinco vezes oito são duas vintenas. Os números auspiciosos também são três, sete, oito e 21, o que dá aproximadamente 40, ou duas vintenas. Pois cada homem e cada mulher têm dez dedos nas mãos e nos pés, de modo que cada um dá uma vintena. E um casal perfeito dá duas vintenas. Então um número menor não seria uma oração perfeita. Se for necessário mais, faça em um número perfeito, como quatro ou seis vintenas. Além disso, existem Oito Armas Elementares.

[4] Para fazer o unguento da unção, pegue algumas panelas esmaltadas preenchidas até a metade com banha ou azeite. Coloque hortelã em uma, manjerona em outra, tomilho moído em uma terceira e, se você tiver, patchuli, com as folhas secas trituradas.

Coloque as panelas em banho-maria. Misture e cozinhe os ingredientes por várias horas, então coloque em saquinhos de linho, espalhe banha nas panelas de novo e as encha de folhas frescas. Depois de fazer isso várias vezes, a banha ficará bem perfumada. Em seguida, misture tudo e guarde em uma jarra bem fechada. Coloque esse unguento atrás das orelhas, na garganta, nas axilas, nos seios e no útero. Além disso, em todas as cerimônias nas quais os pés são beijados, eles também deveriam ser ungidos.

## A Sacerdotisa e a Espada

(1953)

Diz-se: "Quando uma mulher assume a parte principal no culto do Deus Homem, ela deve ser cingida com uma espada". Ou seja, um homem deveria ser o Mago representando o Deus, mas, se ninguém de grau e conhecimento suficientes estiver presente, uma mulher armada como um homem pode assumir seu lugar. A bainha deve ser usada em um cinto. Ela deve carregar a espada na mão, porém, se ela tiver de usar suas mãos, deve embainhar a espada. Qualquer outra mulher no círculo enquanto esse culto for realizado deve estar com a espada na mão. Aquelas fora do círculo têm apenas o Athame. Uma mulher pode representar o Deus ou a Deusa, mas um homem pode representar apenas o Deus.

# O Aviso

(1953)

    Escreva neste livro com sua letra. Deixe os Irmãos e as Irmãs copiarem o que quiserem, mas nunca permita que este livro fique longe das suas mãos e nunca guarde as escrituras de outro, pois, se o livro for encontrado com a letra de outra pessoa, ela pode ser levada e torturada. Cada um deve guardar seus próprios escritos e destruí-los sempre que houver uma ameaça. Decore o máximo que você conseguir e, quando o perigo passar, reescreva seu livro. Por isso, se uma pessoa morrer, destrua seu livro se ela não conseguiu fazer isso, pois, se o livro for encontrado, é uma prova evidente contra ela. "Ninguém é um Bruxo sozinho", então todos os seus amigos correm o risco de serem torturados. Portanto, destrua tudo que não for necessário. Se seu livro for encontrado com você, é prova evidente contra si mesmo. Você pode ser torturado. Preserve todo o pensamento do culto na sua mente. Diga que você teve pesadelos, que um Demônio o obrigou a escrever isso sem seu conhecimento. Pense consigo mesmo: "Eu não sei de nada. Não me lembro de nada. Esqueci-me de tudo". Coloque isso na sua cabeça. Se a tortura for grande demais para suportar, diga: "Eu confesso. Não aguento mais este tormento. O que quer que eu diga? Fala que eu direi". Se eles tentarem fazê-lo falar do caldo, não fale, mas, se tentarem fazê-lo falar de improbabilidades, como voar, ter relações com o Demônio, sacrificar crianças ou comer carne de homens, diga: "Eu tive um sonho maligno. Não era eu. Era loucura". Nem todos os Magistrados são maus. Se houver uma desculpa, eles podem demonstrar misericórdia. Se você tiver confessado qualquer coisa, negue depois. Diga que balbuciou sob tortura, que não sabia o que falava ou contava. Se for condenado, não tema. A Irmandade é poderosa. Ela pode ajudá-lo a escapar se você for firme. Se trair algo, não há esperança para você, nesta vida ou naquela que ainda virá. Contudo, tenha certeza, se com firmeza for para a pira, as drogas o atingirão. Você não sentirá nada, e irá apenas à Morte e ao que está no além, o êxtase da Deusa. Isso vale para as

Ferramentas de trabalho. Elas devem ser coisas comuns que qualquer um pode ter em casa. Os Pentáculos devem ser de cera para que possam ser derretidos ou quebrados na hora. Não tenha espada, a menos que seu grau permita. Não tenha nomes ou símbolos em nada. Escreva-os em tinta antes de consagrá-los e lave depois de terminar. Nunca alardeie, nunca ameace, nunca diga que deseja mal a alguém. Se alguém falar do ofício, diga: "Não fale disso para mim, morro de medo, falar nisso dá azar".

# A Ordália da Arte Mágica

(1953)

Aprenda sobre o espírito que segue com fardos que não têm honra, pois é o espírito que curva os ombros e não o peso. A armadura é pesada, mas é um fardo imponente e um homem fica ereto nela. Limitar e restringir qualquer um dos sentidos serve para aumentar a concentração de outro. Fechar os olhos auxilia a audição. Então, amarrar as mãos da iniciada aumenta a percepção mental, enquanto o açoite intensifica a visão interior. Por essa razão a iniciada passa por isso com orgulho, como uma princesa, sabendo que serve apenas para aumentar sua glória. Mas isso só pode ser feito com o auxílio de outra inteligência e em um círculo, para impedir que o poder assim gerado seja perdido. Padres tentam fazer o mesmo com seus flagelos e mortificações da carne. Mas sem a ajuda das amarras e com a distração provocada pelo próprio flagelo e a dissipação do pouco poder que produzem, por não costumarem trabalhar em um círculo, não é de surpreender que eles falhem. Monges e eremitas fazem melhor, pois estão aptos a trabalhar em pequenas celas e abrigos que, de certa forma, agem como círculos. Os Cavaleiros Templários, que costumavam se flagelar mutuamente em um octógono, faziam melhor ainda, contudo eles aparentemente não conheciam a virtude das amarras e faziam o mal, de um homem a outro. Mas talvez alguns conhecessem? E o que foi a acusação da Igreja de que eles usavam cintos ou cordas?

# O Caminho Óctuplo

(1953)

Percurso ou Caminho Óctuplo para o Centro.

1. Meditação ou Concentração. Isso, na prática, significa formar uma imagem mental do seu desejo, e forçar-se a vê-lo realizado, com a crença ardente e o conhecimento de que ele pode e será realizado, e de que você continuará desejando até forçá-lo a ser realizado. Chamado, para encurtar, de "Intenção".

2. Transe, projeção do Astral.

3. Ritos, Cânticos, Feitiços, Runas, Talismãs, etc.

4. Incenso, Drogas, Vinho, etc., tudo o que for usado para libertar o Espírito. (Observação: deve-se tomar muito cuidado com isso. O incenso costuma ser inofensivo, mas você deve ser cauteloso. Se tiver efeitos

secundários danosos, reduza a quantidade usada ou a duração do tempo de inalação. Drogas são muito perigosas se consumidas em excesso, mas você deve se lembrar de que há drogas que são absolutamente inofensivas, embora as pessoas falem delas com a respiração suspensa. O cânhamo é especialmente perigoso, porque destrava o olho interior de modo suave e fácil, por isso há a tentação de usá-lo cada vez mais. Se for utilizado, deve ser com as precauções mais rígidas, tomando o cuidado de que o usuário não tenha controle sobre o suprimento. Ele deve ser distribuído por alguma pessoa responsável, e o suprimento deve ser estritamente limitado.)

5. A Dança e práticas semelhantes.

6. Controle sanguíneo (as Cordas), Controle Respiratório e práticas semelhantes.

7. O Açoite.

8. O Grande Rito.

Esses são todos os caminhos. Você pode combinar muitos deles em um experimento. Quanto mais, melhor.

Os Cinco Essenciais:

1. O Mais Importante é a "Intenção". Você deve saber que pode e conseguirá. É essencial em cada operação.

2. Preparação. (Você deve estar devidamente preparado de acordo com as regras da Arte; caso contrário, nunca conseguirá.)

3. O Círculo deve ser adequadamente formado e purificado.

4. Vocês todos devem ser devidamente purificados, várias vezes, se necessário, e essa purificação deve ser repetida diversas vezes durante o rito.

5. Você deve ter ferramentas consagradas adequadamente.

Esses cinco essenciais e o Caminho Óctuplo não podem ser todos combinados em um rito. Meditação e dança não combinam bem, mas formar a imagem mental e a dança podem combinar bem com Cânticos. Feitiços, etc., combinados com açoite e o número seis, seguido pelo número oito, formam uma combinação esplêndida. A meditação, seguida do flagelo, combinada com os números três, quatro e cinco, também é muito boa. Para atalhos na concentração, os números cinco, seis, sete e oito são excelentes.

# Como Ganhar a Visão

(1953)

[1] Isso vem para pessoas diferentes de formas diversas. É raro vir naturalmente, mas pode ser induzida de muitas maneiras. A meditação profunda e prolongada pode provocá-la, mas apenas se lhe for natural e, em geral, um jejum prolongado também será necessário. No passado, monges e freiras obtinham visões com longas vigílias, combinadas com jejum, flagelo até sangrar, além de outras mortificações da carne, e então, sem dúvida, tinham visões. No Oriente, tenta-se com várias torturas, ao mesmo tempo que se senta em posturas incômodas, que retardam o fluxo sanguíneo, e esses tormentos, longos e contínuos, dão bons resultados. Mas na Arte nós aprendemos uma forma mais fácil de intensificar a imaginação, controlando ao mesmo tempo o fluxo sanguíneo, e pode ser melhor se isso for feito usando o ritual.

[2] O incenso é igualmente bom para aplacar os Espíritos, mas também para induzir o relaxamento e ajudar a preparar a atmosfera necessária à sugestionabilidade. (Os nossos olhos humanos são tão cegos ao que realmente existe que muitas vezes é necessário sugerir que algo está lá, antes que possamos vê-lo, como quando nós apontamos para outra pessoa algo a distância antes que ela possa ver. A goma de aroeira, raízes de junco aromáticas, casca de canela, almíscar, zimbro, sândalo e âmbar-gris, em combinação, são bons, mas o patchuli é o melhor de todos. E se você tiver cânhamo, é ainda melhor, mas tome muito cuidado com ele.)

[3] Após formar o círculo, com todos devidamente preparados, depois de feitos os Ritos e com todos purificados, a(o) aspirante deve prender e levar seu(sua) tutor(a) ao redor do círculo, saudando os Poderosos, e invocá-los para auxiliar na operação. Então os dois dançam, girando até ficarem tontos, invocando ou usando cânticos. Açoite. Em seguida, o(a) tutor(a) deve prender a(o) aspirante com força, não a ponto de causar desconforto, mas o bastante para retardar um pouco o sangue. Novamente eles devem dançar, cantar e depois o(a) tutor(a) deve dar chibatadas leves, firmes, monótonas e lentas. É muito bom que a(o) pupila(o) possa vê-las (isso pode ser arranjado

com a posição, ou, se um espelho grande estiver disponível, ele pode ser usado com um efeito excelente), pois isso tem o efeito de passes e ajuda bastante a estimular a imaginação. É importante que elas não sejam fortes, o objeto não deve fazer mais do que tirar o sangue daquela parte e afastá-lo do cérebro. Isso junto à amarração firme, que deve ser bem apertada, desacelera a circulação sanguínea, e os passes logo induzem uma sonolência e um estupor. O(A) tutor(a) deve ter cuidado com isso. Assim que a(o) aspirante dormir, o açoitamento deve cessar. O(A) tutor(a) também deve cuidar para que a(o) pupila(o) não fique com frio e, se lutar ou ficar aflita(o), deve ser acordada(o) na hora. (Observação: se não houver jeito de a(o) pupila(o) ver, a varinha pode ser usada, por um momento; então, volta-se ao açoite.)

[4] Não se sinta desencorajado se não houver resultados depois de duas ou três tentativas. A visão virá quando os dois estiverem no estado correto. Quando aparecer um resultado, então os outros virão mais rápido. Logo, um pouco do ritual poderá ser encurtado, mas nunca deixe de invocar a Deusa e os Poderosos, ou formar o Círculo e fazer tudo direito. E, para resultados bons e claros, é ainda melhor realizar muitos rituais do que poucos.

[5] Descobriu-se que essa prática causa muitas vezes um afeto entre aspirante e tutor e, se isso acontecer, produz resultados melhores. Se, por algum motivo, esse grande afeto entre aspirante e tutor não for desejado, ele pode ser facilmente evitado se as duas partes desde o início determinarem em suas mentes que, se algum afeto acontecer, deverá ser entre irmão e irmã ou de pai para filho. E é por esse motivo que um homem só pode ser ensinado por uma mulher e uma mulher, por um homem, e que homem e homem, e mulher e mulher, jamais deverão tentar essas práticas juntos. E que todas as Maldições dos Poderosos recaiam sobre todo aquele que tentar.

[6] Lembre-se, é sempre necessário ter um Círculo, adequadamente construído, para impedir a dissipação do poder liberado. Ele serve também como uma barreira contra quaisquer perturbações de forças malignas, pois não deve ter perturbações para obter bons resultados. Lembre-se de que a escuridão, pontos de luz brilhando em meio à escuridão ao redor, incenso e os passes serenos com um braço branco não são efeitos teatrais. Eles são os implementos mecânicos que acionam as sugestões, o que depois destrava o conhecimento de que é possível obter o êxtase divino e, assim, conquistar o conhecimento e a

comunhão com a Deusa Divina. Depois de conseguir isso, o Ritual não é necessário, pois você pode atingir o estado de êxtase quando quiser, mas até então, ou se você tiver conseguido isso sozinho, e quiser trazer uma companhia para esse estado de alegria, o ritual fica melhor.

# Poder

(1953)

O poder é latente no corpo, e pode ser extraído e usado de várias formas pelos habilidosos. Mas, a menos que seja confinado em um círculo, ele se dissipará rapidamente. Por isso a importância de um círculo construído de modo adequado. O poder parece emanar como uma transpiração pela pele e talvez pelos orifícios do corpo, por essa razão você deve estar preparado. A menor partícula de poeira estraga tudo, o que demonstra a importância da limpeza absoluta. A atitude da mente tem um grande efeito, então apenas trabalhe com um espírito de reverência. Tomar um pouco de vinho e repetir isso durante a cerimônia, se necessário, ajudam a produzir poder.

Outras bebidas fortes ou drogas podem ser usadas, mas é necessário ser algo bem moderado, pois, se você ficar confuso, mesmo que um pouco, não conseguirá controlar o poder evocado. A forma mais simples é dançando e entoando cânticos monótonos, devagar no início, e acelerando o andamento aos poucos até ficar tonto.

Então, os chamados podem ser usados, ou até um grito selvagem e sem sentido produz poder. Mas esse método inflama a mente e dificulta o controle do poder, embora se possa desenvolver o controle com a prática. O açoite é um método bem melhor, pois estimula e excita corpo e alma, ainda que a pessoa facilmente retenha o controle.

O Grande Rito é de longe o melhor.

Ele libera um poder enorme, mas, com as condições e as circunstâncias, fica difícil para a mente manter o controle a princípio. É mais uma vez uma questão de prática e da força natural da vontade do operador e, em um menor grau, dos seus assistentes. Se, como no passado, houvesse muitos assistentes treinados presentes e todas as vontades devidamente sincronizadas, maravilhas ocorreriam.

Feiticeiros usavam principalmente sacrifícios com sangue e, embora nós consideremos isso maligno, não podemos negar que esse método seja muito eficiente. O poder esguicha do sangue recém-derramado, em vez de emanar lentamente por nosso método. O terror e a angústia da vítima adicionam entusiasmo, e até um animal bem pequeno pode produzir um poder enorme.

A grande dificuldade está na mente humana em controlar o poder da mente do animal interior. Mas os feiticeiros alegam que têm métodos para executar isso; a dificuldade desaparece quanto maior for o animal usado e, quando a vítima é humana, desaparece completamente. (A prática é uma abominação, mas é verídica.) Os padres sabiam bem disso, tanto que em seu auto de fé (no qual as fogueiras agiam como os círculos), com a dor e o terror da vítima, eles conquistavam muito poder. No passado, os flagelantes certamente evocavam poder, porém, por não estarem confinados em um círculo, muito dele se perdia. A quantidade do poder criado era tão grande e contínua que qualquer um com conhecimento poderia direcioná-la e usá-la; e é bem provável que os sacrifícios pagãos clássicos fossem usados da mesma forma. Corre um boato de que, quando a vítima humana se oferecia em sacrifício por vontade própria, com sua mente direcionada à Grande Obra e com assistentes habilidosos, aconteciam maravilhas, mas sobre isso não posso falar.

# Preparação Adequada

(1953)

Nus, mas se podem usar sandálias (não sapatos). Para a iniciação, amarre as mãos atrás das costas, puxe-as para o centro da lombar e amarre as pontas na frente da garganta, deixando um pedaço dela para conduzir como um reboque, pendurado na frente. (Os braços desse modo formam um triângulo nas costas.) Quando a(o) iniciada(o) está ajoelhada(o) no altar, o reboque é preso a um anel no altar. Uma corda curta é amarrada como um garrote em volta da perna esquerda da(o) iniciada(o), acima do joelho, com as pontas escondidas. Outra é amarrada em volta do tornozelo direito com as pontas escondidas para que fiquem fora do caminho quando caminhar. Essas cordas são usadas para amarrar os pés enquanto a(o) iniciada(o) estiver ajoelhada(o) no altar e devem ser longas o suficiente para fazer isso com firmeza. Os joelhos também devem ser amarrados com firmeza. Isso deve ser feito com cuidado. Se a(o) aspirante reclamar de dor, afrouxe os nós um pouco. Lembre-se sempre de que o objetivo é retardar o fluxo sanguíneo o bastante para induzir um estado de transe. Isso envolve um pouco de desconforto, mas em excesso impede o transe, de modo que é melhor gastar um pouco mais de tempo afrouxando e apertando os nós até que fiquem adequados. Apenas a(o) aspirante pode dizer quando está bom. Isso, é claro, não se aplica à iniciação, pois nesse momento nenhum transe é desejado; contudo, para o propósito do ritual, é bom que as(os) iniciadas(os) estejam amarradas(os) com firmeza suficiente para se sentirem absolutamente desamparados, mas sem desconforto.

# A Dança da Reunião

(1953)

A Donzela deve conduzir. Um homem deve colocar as duas mãos na cintura dela, por trás e, alternadamente, homens e mulheres devem fazer o mesmo, com a Donzela na frente e todos dançando atrás dela. Ela, por fim, os leva a uma espiral no sentido horário. Quando se chega ao centro (que é melhor ser marcado por uma pedra), ela vira de repente e volta dançando, beijando cada homem que encontrar. Todos os homens e mulheres também se viram e dançam de volta; os homens beijam as garotas e as garotas beijam os homens, todos no tempo da música. É uma atividade divertida, mas deve ser praticada para ser bem-feita. Observação: os músicos devem observar os dançarinos e deixar a música rápida ou lenta, como for melhor. Para os iniciantes, deve ser lenta ou haverá confusão. É excelente para as pessoas se conhecerem em grandes reuniões.

# Como Sair do Corpo

(1953)

Não é prudente tentar sair de seu corpo até você ganhar totalmente a Visão. Pode-se utilizar o mesmo ritual usado para ganhar a Visão, mas tenha um divã confortável. Ajoelhe-se de tal forma que sua coxa, barriga e peito fiquem bem apoiados, os braços fiquem esticados para a frente e amarrados de cada lado, de modo que haja uma sensação evidente de ser puxado para a frente. Enquanto o transe é induzido, você deve sentir como se o puxassem pelo topo da cabeça. A chibatada deve ser dada com uma ação de arrasto, como se o arrastassem ou o expulsassem. As duas vontades devem estar totalmente em sintonia, mantendo um esforço igual e constante. Quando vier o transe, seu tutor pode ajudá-lo(la) chamando baixinho seu nome. Você provavelmente sentirá sair de seu corpo, como se passasse por uma abertura estreita, e se verá de pé ao lado de seu tutor, observando o corpo no divã. Tente comunicar-se com seu tutor primeiro; se ele tiver a Visão, provavelmente o(a) verá. Não vá para muito longe no início, e é melhor ter alguém que está acostumado a sair do corpo com você. Observação: quando, depois de conseguir sair do corpo, você quiser voltar, para fazer o corpo espiritual e o material coincidirem, PENSE EM SEUS PÉS. Isso fará o retorno acontecer.

# As Ferramentas de Trabalho

(1953)

Não existem lojas de produtos mágicos, então, a menos que você tenha bastante sorte de ganhar ou comprar ferramentas, uma pobre bruxa ou bruxo devem improvisar. Mas, depois de iniciado, você deve pegar emprestado ou obter um Athame. Assim que traçar seu círculo, construa um altar. Qualquer mesinha ou baú serve. Deve haver fogo sobre ele (uma vela é o suficiente) e seu livro. Para bons resultados, o incenso é melhor se você o conseguir, mas pedaços de carvão queimando em uma churrasqueira com ervas aromáticas também servem. Uma taça, se você tiver bolos e vinho, e uma travessa com os sinais desenhados em tinta, mostrando um pentáculo, igualmente.

Um açoite é feito com facilidade (o açoite deve ter oito fios e cinco nós em cada ponta). Pegue uma faca de cabo branco e uma varinha (uma espada não é necessária). Corte as marcas com o Athame. Purifique tudo, então consagre suas ferramentas da forma apropriada e esteja sempre adequadamente preparado. Entretanto, lembre-se sempre, operações mágicas não servem de nada, a menos que a mente seja levada à atitude correta, afinada com o tom mais elevado. As afirmações devem ser feitas com clareza e a mente deve ser inflamada com desejo. Com esse frenesi de vontade, você poderá utilizar tanto ferramentas simples como o conjunto mais completo. Mas ferramentas boas e especialmente antigas têm sua própria aura. Elas ajudam a trazer o espírito reverencial, o desejo de aprender e desenvolver seus poderes. Por esse motivo, bruxas e bruxos sempre tentam obter ferramentas de feiticeiros que, por serem homens habilidosos, fazem boas ferramentas e as consagram bem, dando-lhes poder. Mas as ferramentas de uma grande bruxa ou bruxo também ganham muito poder e você deve sempre tentar fabricar quaisquer ferramentas com os melhores materiais que obtiver, para que possam absorver seu poder mais facilmente. E, é claro, se você herdar ou obtiver as ferramentas de outro bruxo ou bruxa, o poder emanará delas. É uma antiga crença de que as melhores substâncias para fazer as ferramentas são aquelas que um dia tiveram vida nelas, em oposição às substâncias artificiais. Portanto, é melhor fazer uma varinha com madeira ou marfim do que com metal, que é mais apropriado para facas ou espadas. O pergaminho virgem é melhor do que papel fabricado para talismãs, etc. E as coisas que foram feitas à mão são boas, por terem vida nelas.

## Vestidos de Céu

(1953)

É importante trabalhar nu desde o início, para que se torne como uma segunda natureza e não surja nenhum pensamento de "estou sem roupa" para desviar nossa atenção do trabalho. Além disso, ao acostumar nossa pele ao desconfinamento, quando o poder emana, o fluxo é mais fácil e regular. Ao dançar, também, você está livre e irrestrito... E, acima de tudo, o toque do corpo do seu amado emociona sua alma mais íntima e, assim, seu corpo distribui seu poder máximo. Portanto, o mais importante de tudo é que não haja a menor coisa para desviar a atenção, pois, neste momento, a mente deve agarrar e moldar o poder gerado, e redirecioná-lo ao fim desejado com toda a força e o frenesi da imaginação. Dizem que não se pode adquirir um conhecimento genuíno da nossa forma, que as nossas práticas apenas levam à luxúria, mas isso não é verdade.

Nosso objetivo é obter a visão interior, e nós o fazemos da forma mais natural e fácil. O objetivo dos nossos oponentes é sempre impedir o amor entre homem e mulher, pensando que tudo o que ajuda ou até lhes permite amar é perverso e imoral. Para nós é natural e, se auxilia a Grande Obra, é bom. É verdade que um casal queimando em um frenesi por conhecimento pode ir direto a seu objetivo, mas o casal comum não tem esse fogo. Nós mostramos a eles o caminho, nosso sistema de acessórios e auxílios (isto é, o ritual mágico).

Um casal que trabalha com nada além de luxúria nunca conseguirá, em qualquer caso, mas um casal que se ama com carinho já deve estar dormindo junto, e o primeiro frenesi do amor terá passado, e suas almas já terão uma afinidade. Se na primeira ou segunda vez eles ficam por um tempo cultuando Afrodite, serão apenas um ou dois dias perdidos, e o prazer intenso que eles obtiverem apenas os levará novamente aos mistérios de Hermes, com suas almas mais afinadas para a grande busca. Depois de terem atravessado o véu, eles não olharão para trás. Este rito pode ser usado como a maior das magias se for feito com os dois parceiros se concentrando bem no objeto, e não pensando em sexo. Isto é, você deve se concentrar tanto no seu objeto, que o sexo e tudo o mais não são nada. Você inflama sua vontade de tal forma que pode criar bastante pressão no astral, assim que eventos acontecem.

# Uma Revisão do Procedimento para Lançar Feitiços

(1957)

TODOS SÃO PURIFICADOS.

[1] O Mago consagra sal e água.

[2] A Suma Sacerdotisa ajoelha-se no Altar, levanta a Espada, dizendo: "Conjuro-te, ó Espada de Aço, para me servir como uma defesa em todas as Operações Mágicas. Guarda-me em todos os momentos contra meus inimigos, visíveis e invisíveis. Permite que eu possa obter o que desejo em todas as coisas nas quais posso usar-te. Por isso, abençoo-te e invoco-te em nome de Aradia e Cernunnos". Dá a Espada ao Mago.

[3] O Mago, ajoelhado, entrega-lhe o vaso de Água e o Aspersório consagrados. Ele Lança o Círculo, três círculos, nas linhas marcadas, começando do Leste e voltando a esse ponto. A Suma Sacerdotisa o segue, aspergindo o círculo (para purificá-lo), todos os presentes e ela mesma no fim. Então, ela percorre o círculo, incensando-o. (Todos no círculo devem ser aspergidos e incensados.) Ela devolve o vaso, etc. para o Mago, que os coloca no altar, ou local conveniente, e entrega sua Espada [escrita à mão].

[4] Ela caminha devagar ao redor do Círculo, dizendo: "Conjuro-te, ó Círculo do Espaço, para que sejas uma Fronteira e uma Proteção e um local de reunião entre o mundo dos Homens e aquele dos Veneráveis Senhores dos ESPAÇOS EXTERIORES, para que sejas limpo, purificado e fortalecido para ser um Guardião e uma Proteção que preservará e conterá AQUELE PODER que nós desejamos de todo coração evocar em teus limites nesta noite, por isso te abençoo e rogo-te para me auxiliar no esforço, em nome de Aradia e Cernunnos". Entrega a espada ao Mago [escrita à mão].

[5] O Mago então convoca os Poderosos como sempre.

[6] A Suma Sacerdotisa fica em frente ao Altar (que pode ser afastado para isso). A Suma Sacerdotisa assume

a posição da Deusa (com os braços cruzados). O Mago, ajoelhado na sua frente, desenha o pentáculo no corpo dela com a Varinha com a ponta de Falo, invoca (atraindo a Lua): "Invoco-te e suplico-te, ó poderosa MÃE de toda vida e fertilidade. Por semente e raiz, por talo e broto, por folha, flor e fruto, pela Vida e pelo Amor, invoco-te a baixar no corpo de tua serva e Suma Sacerdotisa (nome)".

(Depois de atrair a Lua, isto é, estabelecido o vínculo, o Mago e todos os oficiantes masculinos dão o beijo quíntuplo. Todos os outros curvam-se em reverência.)

[7] A Suma Sacerdotisa diz, na posição da Deusa, com os braços cruzados:

"Mãe, Sombria e Divina, Meu Açoite e Meu Beijo, a Estrela de Cinco Pontas do Amor e da Felicidade. Aqui eu vos carrego neste Sinal. (Abre os braços para a posição de pentáculo.)

Curvai diante do Meu Espírito brilhante (todos se curvam), Afrodite, Arianrhod, Amante do Deus Cornífero, Rainha da Bruxaria e da Noite.

Diana, Brígida, Melusina, desde tempos idos os homens me nomeiam, Ártemis e Cerridwen, Senhora Sombria do Inferno, Rainha do Céu.

Vós que me requisitais um obséquio, encontro-vos em alguma sombra oculta. Conduzi minha dança na clareira do frondoso bosque sob a luz da Lua Cheia.

Dançai ao redor da minha pedra de altar, Trabalhai meu santo magistério, vós que estais ávidos por feitiçaria, trago-vos segredos que desconheceis.

Não mais conhecereis a escravidão, vós que acompanhais na noite de Sabbat. Vinde todos nus ao rito como um sinal de que sois libertos.

Mantende meus mistérios em alegria, corações unidos e lábio com lábio. Cinco são as pontas do companheirismo que vos trazem êxtase na Terra.

Nenhuma outra lei além do amor eu conheço. Por nada além de amor posso ser conhecida, e tudo o que vive é meu: de mim vieram, para mim voltarão".

# A Carga em Prosa

(1957)

A CARGA, a ser lida enquanto o iniciado fica de pé, devidamente preparado diante do Círculo.

[Mago]:

Ouvi as palavras da Grande Mãe, que em tempos idos também foi chamada entre os homens de Ártemis, Astarte, Dione, Melusina, Afrodite, Cerridwen, Diana, Arianrhod, Brida e por muitos outros nomes.

[Suma Sacerdotisa]:

"Em meus altares, a juventude de Lacedemônia, em Esparta, fez o devido sacrifício. Sempre que necessitardes de algo, uma vez por mês, e melhor se for quando a Lua estiver cheia. Vós então vos reunireis em algum lugar secreto e adorareis meu espírito, eu que sou a Rainha de toda Bruxaria. Lá deverá se reunir todo aquele que quiser aprender toda feitiçaria, mas ainda não conquistou seus segredos mais profundos. A eles eu ensinarei coisas que ainda são desconhecidas. E sereis libertados de toda escravidão e, como um sinal de que sois realmente livres, devereis estar nus em vossos ritos, e dançar, cantar, festejar, fazer música e amor, tudo em meu louvor. Pois meu é o êxtase do Espírito, e minha é também a alegria na Terra. Pois minha Lei é Amor a todos os seres. Mantende puros vossos maiores ideais. Sempre lutai por eles. Não deixeis nada parar-vos ou desviar-vos. Pois meu é o segredo que se abre na porta da juventude; e minha é a taça do Vinho da Vida: e o Caldeirão de Cerridwen, que é o Santo Graal da Imortalidade. Sou a Deusa Graciosa que concede o dom da Alegria ao coração do Homem. Na Terra eu concedo o conhecimento do Espírito Eterno e, além da morte, concedo paz e liberdade, e reunião com aqueles que foram antes. Nem exijo nada em sacrifício, pois eis que eu sou a Mãe de todas as coisas, e meu amor verte sobre a terra".

[Mago]:

Ouvi as palavras da Deusa Estrelar. Ela na poeira de cujos pés ficam as hostes celestiais, cujo corpo circunda o universo.

[Suma Sacerdotisa]:

"Eu que sou a beleza da terra verde; e a Lua Branca entre as Estrelas; e o mistério das Águas; e o desejo do coração do homem. Chamo tua alma: levanta-te e vem a mim. Pois eu sou a Alma da natureza que dá vida ao Universo. 'De mim todas as coisas procedem; e para mim todas as coisas devem retornar.' Amada por Deuses e homens, teu eu divino mais íntimo será coberto nos arrebatamentos do infinito. Que meu culto esteja no coração que regozija, pois eis que todos os atos de amor e prazer são meus rituais; e, portanto, que haja Beleza e Força, Poder e Compaixão, Honra e Humildade, Alegria e Reverência entre vós. E tu que pensas em me procurar, saibas que tua busca e anseio só te serão úteis se conheceres o mistério; que, se aquilo que buscas não encontraste dentro de ti, nunca encontrarás fora de ti, pois eis que estou contigo desde o princípio e sou aquela que é conquistada ao fim do desejo".

# Bolos e Vinho

(1957)

A Suma Sacerdotisa fica sentada no Altar, na posição do Deus.

O Mago, ajoelhado, beija seus pés, joelhos; curva-se com a cabeça abaixo dos joelhos dela, estica os braços ao lado de suas coxas e a adora.

Ele enche uma taça e a oferece à Suma Sacerdotisa, que, segurando o Athame entre as palmas das mãos, coloca a ponta na taça.

O Mago diz: "Assim como o Athame é o homem, a taça é a mulher, e juntos eles trazem bênção".

A Suma Sacerdotisa larga o Athame, pega a Taça e bebe; dá a Taça àquele que serve o vinho, que coloca um pouco em cada copo.

O Mago apresenta o Pentáculo com bolos para a Suma Sacerdotisa, dizendo: "Ó Rainha mais secreta, abençoa este alimento para nossos corpos, concedendo saúde, riqueza, força, alegria e paz, e que a consumação do amor seja de felicidade perpétua".

A Suma Sacerdotisa os abençoa com o Athame, pega o Bolo e come, enquanto o Mago lhe dá a Taça novamente, beija os joelhos e a adora.

Todos se sentam como Bruxos e convidam a Suma Sacerdotisa a se juntar a eles.

# Rituais do Sabbat: Equinócio de Primavera

(1957)

O símbolo da roda deve ser colocado no altar em pé, adornado com flores, com velas acesas ao lado. O Caldeirão, com álcool, fica no leste. O Mago está no lado oeste, a Suma Sacerdotisa no oeste com a varinha fálica, ou uma varinha com ponta em formato de pinha, ou ainda um cabo de vassoura, mastro ou vassoura virada para cima. A Suma Sacerdotisa acende o Caldeirão, dizendo:

"Nós acendemos o fogo hoje! Na presença dos Sagrados: sem malícia, sem ciúmes, sem inveja. Sem medo de nada sob o Sol. Apenas os Deuses Supremos.

A ti invocamos: Ó luz do fogo: sê uma centelha brilhante diante de nós; sê uma estrela; guia sobre nós; sê um caminho suave sob nós.

Acende-te dentro de nossos corações, uma chama de amor pelo próximo, por nossos inimigos, nossos amigos, por todos os nossos semelhantes: a todos os homens nessa vasta Terra.

Ó filho misericordioso de Cerridwen, da coisa mais inferior que vive ao nome que é maior que todos".

A Suma Sacerdotisa desenha o pentáculo no Mago com a varinha, beija e a dá a ele. Ele faz o mesmo. Eles lideram a dança ao redor do círculo, com todos os casais pulando a fogueira. O último casal a pular, enquanto a fogueira se apaga, deve ser bem purificado três vezes, e cada um deve dar o Beijo Quíntuplo em todos do sexo oposto.

Bolos e vinho.

Se as pessoas quiserem, a dança do Caldeirão pode ser realizada de novo, muitas vezes, ou outros divertimentos podem ser feitos.

# Rituais do Sabbat: Solstício de Verão

Forme o círculo. Invoque, Purifique. O caldeirão é colocado diante do altar cheio de água, enfeitado com flores de verão. As pessoas, homens e mulheres alternadamente, ficam em volta do círculo. A Suma Sacerdotisa de pé no lado norte, diante do caldeirão, segurando a varinha levantada, que pode ser a fálica ou uma com uma pinha na ponta (no passado era um tirso), um mastro ou uma vassoura, invoca o Sol.

"Grandioso do Céu, Poder do Sol, invocamos-te em teus nomes antigos, Michael, Balin, Arthur, Lugh, Herne. Vem de novo, como no passado, para esta tua terra. Levanta teu dardo de luz brilhante para nos proteger.

Afugenta os poderes das trevas, dá-nos belas florestas e gramados verdes, pomares floridos e milho maduro. Faze-nos ficar em teu campo de visão e mostra-nos o caminho para os lindos reinos dos deuses".

A Suma Sacerdotisa desenha o pentáculo da invocação no Mago com a varinha.

O Mago se aproxima em sentido horário e pega a varinha com um beijo, mergulha-a no Caldeirão e a segura na vertical, dizendo: "O dardo para o Caldeirão, a lança para o Graal, o espírito para a carne, o homem para a mulher, o Sol para a terra". Ele saúda a Suma Sacerdotisa por cima do Caldeirão e se junta às pessoas, ainda segurando a varinha.

A Suma Sacerdotisa pega o aspersório e diz, de pé ao lado do Caldeirão: "Dançai em volta do Caldeirão de Cerridwen segundo Deusa, e sede abençoados com o toque desta água consagrada, exatamente enquanto o Sol, o senhor da luz, chega em sua força no signo das águas da vida".

As pessoas dançam em sentido horário ao redor do altar e do Caldeirão, lideradas pelo Mago segurando a varinha. A Suma Sacerdotisa as asperge enquanto passam por ela.

Ritual de bolos e vinho.

Quaisquer outras danças, ritos ou divertimentos que a Sacerdotisa e as pessoas quiserem.

# Rituais do Sabbat: Equinócio de Outono

O altar deve ser decorado com os símbolos do outono, como pinhas, galhos e bolotas de carvalho, ou espigas de milho, e deve ter fogo ou incenso queimando sobre ele, como sempre. Depois da purificação costumeira, as pessoas ficam ao redor, homens e mulheres alternados. O Mago fica a oeste do altar na posição do Deus.

A Suma Sacerdotisa fica a leste do altar, de frente para ele, e lê o encantamento:

"Adeus, ó Sol, luz que sempre retorna. O deus oculto, que sempre permanece. Ele parte para a terra da juventude, pelos portões da morte, para viver entronizado, o juiz de deuses e homens. O líder cornífero das hostes do ar. Porém, mesmo como ficam invisíveis em volta do círculo as formas dos Poderosos Senhores dos Espaços Externos, assim vive ele, 'o senhor dentro de nós'. Assim vive ele na semente sagrada, a semente do grão recém-colhido, a semente da carne, oculta na terra, a maravilhosa semente das estrelas.

'Nele está a vida, e a vida é a luz dos homens [João, 1:4]', aquele que nunca nasceu e nunca morre. Por isso a Wicca não lamenta, mas regozija-se".

A Suma Sacerdotisa aproxima-se do Mago com um beijo. Ele larga o Athame e o açoite e a beija. A Sacerdotisa lhe entrega a varinha dela, que deve ser fálica, ou um galho com uma pinha na ponta, um mastro ou uma vassoura (antigamente era o tirso). Eles lideram a dança: ela, com um sistro ou chocalho; ele, com a varinha; as pessoas caindo atrás dele, dançando três vezes em volta do altar. Joga-se o jogo da vela.

Bolos e vinho.

Grande Rito, se possível.

Danças e jogos.

# Rituais do Sabbat: Solstício de Inverno

Formem o círculo da maneira costumeira, invocando os Poderosos.

O Caldeirão de Cerridwen é colocado no círculo no lado sul enfeitado com azevinho, hera e visco, com fogo aceso dentro dele. Não deve haver nenhuma outra luz, exceto pelas velas no altar e em volta do círculo.

Depois de todos serem purificados, a Lua deve ser atraída.

Então, a Suma Sacerdotisa fica atrás do Caldeirão, na posição do pentáculo, simbolizando o renascimento do Sol. As pessoas, homens e mulheres em posições alternadas, ficam ao redor do círculo. O Mago fica de frente para a Sacerdotisa com um monte de tochas, ou velas, e o livro das palavras do encantamento. Um dos oficiantes fica ao lado dele com uma vela acesa, para iluminar sua leitura.

As pessoas começam a se mover devagar no sentido horário ao redor do círculo. Quando cada uma passa por ele, o Mago acende sua vela ou tocha com o fogo do Caldeirão, que pode ser apenas uma vela, até ter todas as velas ou tochas acesas. Então, as pessoas dançam devagar enquanto ele lê o encantamento. (Agora uma fogueira de verdade deve ser acesa no Caldeirão.)

Rainha da Lua, Rainha do Sol. Rainha do Céu. Rainha das Estrelas.

Rainha das Águas, Rainha da Terra. Aquela que nos mandou o filho da promessa.

É a Grande Mãe que dá à luz ele. Ele é o Senhor da Vida que nasce de novo, trevas e lágrimas são esquecidas. E a estrela-guia nasce cedo.

Os sóis dourados da colina e da montanha iluminam a terra, iluminam o mundo, iluminam os mares, iluminam os rios, para que se afaste o sofrimento e se eleve a alegria.

Abençoada seja a Grande Mãe, sem início, sem fim, para o perpétuo, para a eternidade, "I. O. Evohe, Abençoada Seja".

A dança começa devagar, em sincronia com o ritmo do cântico, com todos repetindo o chamado "I. O. Abençoada Seja". A Sacerdotisa se junta à dança e os conduz com um ritmo mais acelerado. O caldeirão com o fogo ardente é empurrado para que os dançarinos pulem ou pisem nele, em casais. O casal que passar sobre ele quando este apagar deve ser bem purificado, três vezes cada, e deve pagar qualquer prenda divertida que a Suma Sacerdotisa ordenar. Às vezes, o caldeirão é aceso novamente várias vezes para isso.

# O Percurso ou Caminho Óctuplo

(1957)

1. Meditação ou concentração, verdadeiramente pela firme consciência de que você pode e conseguirá – formando uma imagem clara na sua mente ou nos seus requisitos.

2. Estados de transe, clarividência, projeção astral, etc.

3. Drogas, Vinho, Incenso.

4. Dança, Realização de Ritos com um propósito.

5. Cânticos, Feitiços, etc.

6. Controle sanguíneo (com cordas, etc.), controle respiratório.

7. Açoitamento.

8. O Grande Rito.

Preste atenção:

O melhor é combinar o maior número de partes desse caminho em uma operação. A primeira deve estar em todos – pois, se você não tiver uma imagem clara do que quer e nenhuma certeza de que conseguirá, será inútil. A segunda pode ser combinada com essa facilmente. As terceira, quarta e quinta partes são boas preliminares, assim como as sexta e sétima; mas a terceira parte é perigosa e, portanto, se possível, deve ser evitada, exceto pelo uso do incenso, que é inofensivo em pequenas quantidades.

A melhor combinação é com as primeira, quarta, quinta e sétima partes para propósitos pequenos, com a oitava se for necessária uma grande força. Além disso, uma combinação da primeira, sexta e da sétima partes é boa, se mais não pode ser feito; isso, se for realizado corretamente, leva à segunda parte.

# A Iniciação do Primeiro Grau

(1957)

Desenhe o Círculo com a Espada Mágica ou o Athame.

Borrife com Água Exorcizada.

Dê uma volta no círculo com a Espada Mágica ou o Athame, dizendo: "Conjuro-te, Círculo de Poder, para que sejas uma Fronteira e uma Proteção para conter o poder mágico que eu evocarei dentro de teus limites. Então eu te abençoo, em nome de Aradia e Cernunnos".

Dê a volta no círculo, dizendo para os pontos Leste, Sul, Oeste e Norte: "Eu vos convoco, incito e evoco, ó Poderosos do Leste (Sul, Oeste, Norte), a testemunhar os ritos e vigiar o círculo".

O Mago pede para a Lua baixar na Suma Sacerdotisa.

Leia a Carga, então diga: "Ó tu, que ficas no limiar entre o agradável mundo dos homens e os temíveis domínios dos senhores dos espaços externos, tens a coragem de passar pela prova?". (Coloque a ponta da Espada Mágica ou do Athame no coração da(o) Postulante.) "Pois em verdade te digo: seria melhor avançares em minha lâmina e perecer do que fazer a tentativa com medo em teu coração."

Postulante: "Eu tenho duas palavras perfeitas: amor perfeito e confiança perfeita".

Diga: "Todo aquele que tem é duplamente bem-vindo".

Entrando em posição: "Dou-te uma terceira para fazer-te passar por esta temível porta". Dá [beijo].

Leve a(o) Postulante em sentido horário para o sul do altar e diga: "Ó tu, que declaraste intenção de se tornar um de nós, ouve então aqui o que deves saber fazer. Única é a raça de homens e Deuses; de uma única fonte vem a nossa respiração, porém uma diferença de poder em tudo nos mantém afastados, pois somos como nada, mas os Deuses ficam para sempre. Ainda assim, nós podemos, na grandeza de nossas mentes, ser como os Deuses, embora não saibamos que objetivo de dia ou à noite o Destino escreveu para perseguirmos. Além de todos os mares e das últimas fronteiras da Terra, além da Primavera da noite e da vasta expansão do Céu, há uma majestade que é o domínio dos Deuses. Tu que atravessas os Portões da Noite e do Dia para aquele doce lugar, que fica entre os mundos dos homens e os domínios dos Senhores dos espaços externos, saibas que sem verdade em teu coração, cada esforço teu está fadado ao fracasso. OUVE ENTÃO A LEI: tu deves amar todas as coisas na natureza; não deves permitir que nenhuma pessoa seja prejudicada por tuas mãos ou tua mente; deves trilhar com humildade os caminhos dos homens e os caminhos dos Deuses. Além disso, está na lei que com satisfação deves aprender, pelo sofrimento, por longos anos e com nobreza de mente e propósito, POIS OS SÁBIOS NUNCA ENVELHECEM. Suas mentes são nutridas por viver na luz diurna dos Deuses, e, se entre os vulgares, algumas descobertas aparecerem a respeito de certas máximas da tua crença nos Deuses, então deves, na maior parte das vezes, silenciar-te. Pois há um grande risco de que tu possas vomitar na hora aquilo que não digeriste, e, quando alguém te disser: 'Sabes de nada', e não o engoles, então saibas que tu começaste o trabalho. Assim como a ovelha não leva seu alimento ao pastor para mostrar quanto comeu, mas digerindo internamente sua forragem, produz externamente lã e leite, também tu não exibes as máximas aos vulgares, mas as obras resultantes da digestão delas. Agora esta é a ordália". [Esse discurso foi adicionado depois de 1960.]

Amarre a corda no tornozelo direito da(o) Postulante, deixando as pontas soltas. Diga: "Pés nem presos nem livres".

Conduzindo a(o) Postulante, proclame aos quatro quadrantes: "Atentai, Senhores das Torres do Leste (Sul, Oeste, Norte), que (nome) está adequadamente preparada(o) para ser formada(o) sacerdotisa(sacerdote) e bruxa(o)".

Ande três vezes pelo Círculo com passos de Dança e cânticos.

Coloque a(o) Postulante no Leste; diga: "Ajoelha-te".

A(O) Postulante ajoelha-se.

Bata 11 vezes no sino. Diga: "Levanta-te. Em outras religiões a(o) Postulante ajoelha-se enquanto o sacerdote eleva-se sobre ela(ele), mas na Arte Mágica somos ensinados a sermos humildes e, por isso, nos ajoelhamos para recebê-los, dizendo:

'Abençoados sejam os pés que te trouxeram por esses caminhos' [beijo].

'Abençoados sejam os joelhos que ajoelharão no altar sagrado' [beijo].

'Abençoado seja teu útero (ou órgão de geração), sem o qual nós não existiríamos' [beijo].

'Abençoados sejam teus seios [peito], erigidos em beleza e em força' [beijo].

'Abençoados sejam teus lábios, que pronunciarão os nomes sagrados' [beijo].

Antes de jurares, estás disposta a passar pela ordália e ser purificada?".

Postulante: "Estou".

Tire as medidas: altura (dê um nó); em volta da cabeça (dê um nó); em volta do coração (dê um nó); em volta dos quadris (dê um nó). Pique o polegar da(o) Postulante; colete sangue na medida. Coloque a medida no altar. Mande a(o) Postulante ajoelhar-se, amarre os pés da(o) Postulante e prenda o reboque no altar. Três batidas no sino. Diga: "Estás pronta(o) a jurar que serás sempre verdadeira à Arte?".

Postulante: "Estou".

Bata sete vezes no sino e diga: "Deves primeiro ser purificada(o)". Dê três, sete, nove, 21 chibatadas.

Diga: "Passaste bravamente pelo teste. Estás sempre pronta(o) a ajudar, proteger e defender teus irmãos e irmãs da Arte?".

Postulante: "Estou".

"Então, repete depois de mim: eu (nome), na presença dos poderosos dos espaços externos, juro solenemente, por livre e espontânea vontade, que sempre manterei segredo e nunca revelarei os mistérios da Arte, exceto para uma pessoa adequada, devidamente preparada, em um círculo como este em que estou agora, e que eu nunca negarei os segredos a tal pessoa se eles forem afiançados por um irmão ou irmã da Arte. Tudo isso eu juro por minhas esperanças de uma vida futura, e que minhas armas se virem contra mim se eu quebrar esse meu juramento solene."

Solte as cordas dos tornozelos e do altar, e retire a venda. Ajude-a(o) a se levantar.

"Marco-te assim com o sinal triplo [o triângulo com a ponta para baixo formado pelo toque nos genitais, no seio direito, no seio esquerdo e nos genitais novamente]. Consagro-te com óleo. Consagro-te com vinho. Consagro-te com meus lábios, Sacerdotisa (Sacerdote) e Bruxa(o)."

Retire as Cordas [beijo].

"Apresento-te agora as ferramentas de trabalho. Primeiro, a espada mágica. Com ela, assim como o athame, podes formar todos os círculos mágicos, dominar, subjugar e punir todos os espíritos rebeldes e demônios, e até persuadir anjos e bons espíritos. Com isso na sua mão, és regente do círculo" [beijo].

"Em seguida, apresento-te o athame. Este é a arma da(o) verdadeira(o) bruxa(o), e tem todos os poderes da espada mágica" [beijo].

"Agora, apresento-te a faca de cabo branco. Ela serve para formar todos os instrumentos usados na Arte. Só pode ser usada em um círculo mágico" [beijo].

"Em seguida, apresento-te a varinha. Ela serve para evocar e controlar certos anjos e gênios para os quais não seria adequado usar a espada ou o athame" [beijo].

"Agora, apresento-te o pentáculo. Ele serve para evocar os espíritos apropriados" [beijo].

"Em seguida, apresento-te o incensário. Ele é usado para encorajar e receber os bons espíritos e banir os maus" [beijo].

"Depois, apresento-te o açoite. Este é um sinal de poder e dominação. Também é usado para causar purificação e iluminação, pois está escrito: 'Para aprenderes, deves sofrer e ser purificado'" [beijo].

"Estás disposta a sofrer para aprender?"

Postulante: "Sim".

"Em seguida e, por fim, apresento-te as cordas. Elas servem para amarrar os sigilos da arte, além da base material. Elas também são necessárias no juramento" [beijo].

"Saúdo-te agora em nome de Aradia e Cernunnos, recém-formada Sacerdotisa(Sacerdote) e Bruxa(o)."

Conduza-a pelo círculo e proclame aos quatro quadrantes: "Ouvi, ó Poderosos, (nome) foi consagrada(o) Sacerdotisa(Sacerdote) da Deusa".

Agora, apresente a(o) nova(o) Bruxa(o) aos membros do coven. Todos devem beijar e abraçar a(o) jovem Bruxa(o) como sinal de boas-vindas.

Para fechar o círculo, proclame aos quatro quadrantes: "Ó Poderosos do Leste (Sul, Oeste, Norte), agradeço-vos por vossa presença e, antes de partirdes para seus encantadores reinos, saúdo-vos e despeço-me".

# A Iniciação do Segundo Grau

(1957)

Formem o Círculo da forma costumeira, invocando os Poderosos nos Quatro Quadrantes. A(O) Iniciada(o) deve ser adequadamente preparada(o) e amarrada(o) com as Cordas.

Todos são purificados, incluindo a(o) Iniciada(o).

Caminhem pelo círculo uma vez, proclamando aos Quatro Quadrantes: "Ouvi, ó Poderosos, ... (N), uma(um) devidamente consagrada(o) Sacerdotisa e Bruxa (Sacerdote e Bruxo) está agora devidamente preparada(o) a se tornar Suma Sacerdotisa e Rainha Bruxa (ou Sumo Sacerdote e Mago)".

Caminhe pelo círculo três vezes, com passos de dança e cânticos.

A(O) iniciada(o), então, ajoelha-se diante do Altar e é contida(o) com as Cordas.

Mago ou Sacerdotisa: "Para conquistar este sublime Grau é necessário sofrer e ser purificada(o). Estás disposta(o) a sofrer para aprender?".

Iniciada(o): "Estou".

Mago ou Sacerdotisa: "Purifico-te para fazer este grande juramento corretamente".

Bata três vezes no sino. Dê três, sete, nove, 21 chibatadas. "Agora dou-te um novo nome: ..." [beijo].

"Repete teu nome depois de mim, dizendo: 'Eu, ..., juro, pelo útero da minha mãe e por minha honra entre os homens e meus irmãos e irmãs da Arte, que jamais revelarei a ninguém nenhum dos segredos da Arte, exceto que seja a uma pessoa digna, devidamente preparada, no centro de um Círculo Mágico como este em que estou agora. Isso eu juro por minhas esperanças de salvação, minhas vidas passadas e minhas esperanças de vidas futuras, e dedico minha medida e eu mesmo à destruição completa se quebrar este meu juramento solene."

Ajoelha-se.

Coloque a Mão Esquerda sob o Joelho da(o) Iniciada(o) e a Mão Direita na Testa, formando assim o Elo Mágico, dizendo: "Concederei todo meu poder a ti".

CONCEDE.

Solte, ajude a levantar.

Consagre: "Consagro-te com óleo [nos genitais, no seio direito, quadril esquerdo, quadril direito, seio esquerdo, genitais), consagro-te com vinho, consagro-te com meus lábios, Suma Sacerdotisa e Rainha Bruxa (Sumo Sacerdote e Mago)". Solte as cordas restantes [beijo].

"Agora é tua vez de usar as ferramentas de trabalho, A primeira é a Espada Mágica (forma o Círculo) [beijo].

A segunda é o Athame (forma o Círculo) [beijo].

A terceira, a Faca de Cabo Branco (usa) [beijo].

A quarta, a Varinha (brande aos quatro quadrantes) [beijo].

A quinta, o pentáculo (mostra aos quatro Quadrantes) [beijo].

A sexta, o Incensário (balança, incensa) [beijo].

A sétima, as cordas (usa) [beijo].

A oitava, o açoite: na bruxaria, para aprender deves dar tanto quanto recebes, mas sempre três vezes. Então, quando te dou três, devolve nove; quando dou sete, devolve 21; quando dou nove, devolve 27; quando dou 21, devolve 63". (Use nove, 21, 27, 63. Isto é, 120 ao todo [beijo].)

"Obedeceste à lei. Mas, vê bem, quando receberes o bem, tens a obrigação de devolver o bem três vezes."

A Sacerdotisa ou o Mago é então solta(o) das cordas e se diz: "Depois de aprender tanto, deves saber por que os membros da Wicca são chamados de Crianças Ocultas da Deusa".

Em seguida, lê-se ou se representa a Lenda da Deusa. Se for possível representá-la, a(o) nova(o) Iniciada(o) deve receber um dos papéis. Um dos membros do coven deve agir como Narrador; outro, como Guardião do Portal. A Sacerdotisa, ou outra mulher, pode representar a Deusa, e o Mago, ou outro homem, pode representar o Deus. A Sacerdotisa, ou quem estiver representando a Deusa, tira seu colar e o coloca no Altar. Então ela sai do círculo e veste um véu e joias. O Mago, ou quem estiver representando o Deus, é investido com uma coroa com chifres e coloca uma espada, que ele desembainha, e fica na posição do Deus com a espada e o açoite, ao lado do altar.

Narrador: "Na Antiguidade, nosso Senhor, o Cornífero, era, como ainda é, o Consolador, o Confortador, mas os homens o conheciam como o Venerável Senhor das Sombras – solitário, austero e inflexível. Ora, nossa Senhora, a Deusa, nunca amou, mas resolveria todos os mistérios, até o mistério da Morte – e assim ela viajou para os Mundos Inferiores. Os Guardiões dos Portais a desafiaram".

(A Sacerdotisa – ou quem estiver representando a Deusa – passa para o lado do Círculo. Quem estiver representando o Guardião do Portal a desafia com a Espada ou o Athame.)

Narrador: "'Despe-te, larga tuas joias, pois nada podes trazer a esta nossa terra'. Então, ela larga suas roupas e joias e é amarrada, como são todos que entram nos reinos do Poderoso Senhor da Morte".

(A Sacerdotisa tira o véu e as joias e as deixa fora do Círculo. O Guardião do Portal a amarra com as Cordas e a leva para dentro do Círculo.)

Narrador: "Tamanha era sua beleza que o próprio Senhor da Morte se ajoelhou, largou sua espada e coroa aos pés dela e beijou-lhe os pés".

(O Mago – ou quem estiver representando o Deus – aproxima-se, deixa a Coroa de Chifres e a Espada aos pés da Sacerdotisa e beija-lhe os pés.)

Narrador: "Dizendo: 'Abençoados sejam teus pés que te trouxeram por esses caminhos. Mora comigo, mas deixa-me colocar minha gélida mão em teu coração'. Ao que ela responde: 'Não te amo. Por que fizeste todas as coisas que amo e com as quais me deleito enfraquecerem e morrerem?'. 'Senhora', respondeu o Senhor da Morte, 'É a Idade e o Destino, contra os quais sou impotente. A idade faz todas as coisas envelhecerem, mas, quando os homens morrem no fim do tempo, eu lhes dou descanso, paz e força para que possam retornar. Mas tu, tu és adorável. Não voltes; mora comigo'. Mas ela respondeu: 'Não te amo'. Então, disse o Senhor da Morte: 'Se não recebeste minha mão em teu coração, deves receber o açoite da Morte'".

(O Mago levanta e pega o Açoite do Altar.)

Narrador: "'É o destino, melhor assim', ela diz e se ajoelha".

(A Sacerdotisa ajoelha-se diante do altar, e o Mago a açoita três, sete, nove, 21 vezes.)

Narrador: "E o Senhor da Morte a açoitou com ternura, e ela gritou: 'Sinto as dores do amor'. E o Senhor da Morte a levantou e disse: 'Abençoada sejas', e ele lhe deu o Beijo Quíntuplo, pronunciando: 'Apenas assim podes ter alegria e conhecimento'".

(O Mago levanta a Sacerdotisa, dá o Beijo Quíntuplo e desamarra as cordas.)

Narrador: "E ele ensinou a ela todos os Mistérios e lhe deu o colar, que é o Círculo do Renascimento".

(O Mago pega o colar da Sacerdotisa do Altar e o recoloca no pescoço dela. A Sacerdotisa pega a Espada e a Coroa de Chifres do chão, onde o Mago as colocou e as devolve a ele. Então ele fica como antes ao lado do Altar, na posição do Deus, enquanto ela fica ao seu lado na posição do pentáculo, como a Deusa.)

Narrador: "E ela ensinou a ele o mistério da taça sagrada, que é o caldeirão do renascimento. Eles se amaram e se tornaram um; e ele ensinou a ela toda a Magia. Pois existem três grandes mistérios na vida do homem – amor, morte e ressurreição em um novo corpo –, e a magia controla tudo. Para consumar o amor, deves retornar ao mesmo tempo e para o mesmo lugar que o amado, e vós deveis encontrar, conhecer, lembrar e amar um ao outro de novo. Mas, para renascer, deves morrer e estar pronta para um novo corpo; para morrer, deves nascer; sem amor não nasces – e essa é toda a magia. E nossa Deusa sempre se inclina ao amor, à alegria e à felicidade, e guarda e estima seus filhos ocultos na vida; e na morte ela ensina o caminho para ter comunhão, e até mesmo neste mundo ela ensina a eles o Mistério do Círculo Mágico, que é colocado entre os mundos".

A Sacerdotisa ou o Mago então recoloca a Espada, a Coroa, o Açoite, etc., no Altar, e levando a nova Iniciada (ou o Iniciado) pela mão, e segurando o Athame na outra, anda uma vez pelo Círculo, proclamando aos Quatro Quadrantes: "Ouvi, ó Poderosos, ... foi devidamente consagrada Suma Sacerdotisa e Rainha Bruxa (ou Sumo Sacerdote e Mago)".

# A Iniciação do Terceiro Grau

(1957)

O Mago dá o Beijo Quíntuplo.

Mago: "Antes de prosseguirmos com este grau sublime, rogo-te que tuas mãos me purifiquem".

A Suma Sacerdotisa amarra o Mago e o prende ao altar. Ela percorre o círculo três vezes e açoita o Mago três, sete, nove e 21 vezes. Ela então o desamarra e o ajuda a se levantar.

O Mago agora amarra a Suma Sacerdotisa e a prende ao altar. Ele percorre o círculo, proclamando aos quatro quadrantes: "Ouvi, ó Poderosos, a duplamente consagrada e Santa (nome), Suma Sacerdotisa e Rainha Bruxa está devidamente preparada e continuará agora a erigir o Altar Sagrado".

O Mago açoita a Suma Sacerdotisa três, sete, nove e 21 vezes.

Ele beija os pés dela: "Antes de eu ousar prosseguir com este grau sublime, devo novamente implorar para que tuas mãos me purifiquem".

Ela o amarra e o açoita.

Nota: se a Suma Sacerdotisa não tiver realizado este rito antes, ele diz: "Aqui eu te revelarei um grande mistério". [Ajoelhe-se e coloque o divã em uma posição de modo que fique virado para o norte.]

"Ajuda-me a construir como o Poderoso determinou um Altar de louvor, desde o primórdio dos dias, para que assim ele fique, entre os pontos do céu, pois desse modo ele foi colocado quando a Deusa abraçou o Cornífero, seu Senhor, que lhe ensinou a palavra."

[A Sacerdotisa se deita de tal forma que sua vagina fica aproximadamente no centro do círculo.]

"Aquele que estimulou o útero e conquistou o Túmulo. Seja assim como outrora o Santuário adorado por todos [beijo], o regalo sem fim, o Graal doador de vida [beijo]. Antes de levantar a Lança Milagrosa, invoca neste sinal a Deusa divina [beijo]."

Invoque: "Tu, que na Lua da noite reina, Rainha do reino estrelado, 'Não podemos te alcançar a menos que Tua Imagem seja de Amor'" [beijo].

"Pelo eixo de força prateado dos raios lunares, pela folha verde irrompendo do broto, pela semente que germina até virar flor, pela vida que corre no sangue" [beijo].

"Pelas rajadas de vento e chamas altas, pela água corrente e terra verde, verte sobre nós o vinho do nosso desejo de Teu Caldeirão do Renascimento" [beijo].

"Aqui podemos ver em clara visão O Estranho Secreto finalmente desvelado, as construções dos magníficos Pilares Gêmeos Eretos em Beleza e em Força" [beija os seios].

"Altar de múltiplos Mistérios, o ponto central do Círculo Sagrado, marco-te assim como no passado, com beijos de meus lábios ungidos".

(Beijo Óctuplo: três pontos, lábios, dois seios e de volta aos lábios, e cinco pontos,* com óleo, vinho e beijos).

---

*N.T.: Supõe-se que esses cinco pontos sejam: genitais, pé esquerdo, joelho direito, joelho esquerdo, pé direito e de volta aos genitais.

"Abre para mim o Caminho Secreto, a via da inteligência, entre os Portões da Noite e do Dia, além dos limites de tempo e sentido."

"Vê o Mistério corretamente, os Cinco Verdadeiros Pontos do Companheirismo, aqui onde a Lança e o Graal se unem, e pés e joelhos e seio e lábios."

O Mago e a Suma Sacerdotisa: "Encoraja nossos corações, deixa tua Luz cristalizar-se no nosso sangue, preenchendo-nos de Ressurreição, pois não há parte de nós que não seja dos Deuses".

(Trocam nomes.)

# O Cântico ou Runa das Bruxas

(1957)

Noite sombria e Lua Brilhante, Leste, depois Sul, depois Oeste, então Norte, Ouvi a Runa das Bruxas: aqui venho eu te evocar.

Terra e Água, Ar e Fogo, Varinha, Pentáculo e Espada, Trabalhai no meu desejo, Ouvi minha palavra.

Cordas e Incensário, Açoite e Faca, Poderes da Lâmina das Bruxas, Acordai todos nesta vida, Vinde enquanto o Feitiço é feito:

"Rainha do Céu, Rainha do Inferno, Caçadora Cornífera da Noite, Empresta teu poder para o Feitiço, Faze prevalecer a minha vontade pelo Rito Mágico".

Se o cântico for usado para reforçar um trabalho já iniciado, termine assim:

"Por toda a força de terra e mar, por todo poder da Lua e do Sol,

O que é minha vontade, 'Que assim seja', 'O que eu digo, será feito'".

# Ferramentas de Consagração

(1957)

(Observação: se possível, deixe qualquer arma nova tocando uma já consagrada, Espada com Espada, Athame com Athame, etc.)

[1] Prepare o Círculo e purifique. Todas as ferramentas devem ser consagradas por um homem e uma mulher, os dois tão nus quanto espadas desembainhadas. Eles devem ser purificados, limpos e devidamente preparados.

[2] Coloque a ferramenta no pentáculo no altar. O Mago a asperge com sal e água. A Bruxa passa sobre a ferramenta fumaça de incenso, recoloca-a no pentáculo. Tocando com uma arma já consagrada, eles recitam a Primeira Conjuração.

[2a] No caso da Espada ou Athame, diga: "Conjuro-te, ó Espada (ou Athame) de aço, para que me sirvas para ter força e como defesa em todas as operações mágicas, contra todos

os meus inimigos, visíveis e invisíveis, em nome de Aradia e Cernunnos. Conjuro-te de novo pelos Santos Nomes Aradia e Cernunnos, para que me sirvas como proteção em todas as adversidades. Então, auxilia-me".

[2b] No caso de qualquer outra ferramenta, diga: "Aradia e Cernunnos, dignai-vos a abençoar e consagrar esta [ferramenta], para que ela obtenha a virtude necessária por meio de vós para todos os atos de amor e beleza".

[3] De novo eles aspergem e incensam, e recitam a Segunda Conjuração:

[3a] No caso da Espada ou do Athame, diga: "Conjuro-te, ó Espada [Athame] de Aço, pelos Grandes Deuses e Gentis Deusas, pela virtude dos Céus, das Estrelas, dos Espíritos que presidem sobre eles, para que possas receber tais virtudes, para que eu possa obter o fim que desejo em todas as coisas nas quais te usarei, pelo poder de Aradia e Cernunnos".

[3b] Para qualquer outra ferramenta, diga: "Aradia e Cernunnos, abençoai este instrumento preparado em vossa honra". (No caso do açoite e das cordas, acrescente: "Para que apenas me sirva para um bom uso e fim, e para vossa Glória".)

[4] Todos os instrumentos, quando consagrados, devem ser apresentados a seu usuário dando o sinal de saudação [triângulo apontado para baixo] (se eles estiverem trabalhando no primeiro grau, ou o sinal do grau mais elevado se estiverem trabalhando este).

[5] Então, aquele que não for o dono deve dar o Beijo Quíntuplo no dono. Para o beijo final, a ferramenta deve ser colocada entre os seios, e os dois trabalhadores devem se abraçar por quanto tempo quiserem, com seus corpos segurando a ferramenta no lugar. O novo dono deve usá-la imediatamente, isto é, lançar (traçar) o Círculo com a Espada ou o Athame, brandir a varinha aos quatro quadrantes, cortar algo com a faca de cabo branco, etc. As cordas e o açoite devem ser usados ao mesmo tempo.

A ferramenta deve ser mantida em um contato mais próximo possível com o corpo nu por pelo menos um mês, isto é, guardar debaixo do travesseiro, etc. Quando não estiver em uso, todas as ferramentas e armas devem ser guardadas em um local secreto. É bom que esse local seja perto do lugar onde você dorme e que você as manuseie todas as noites antes de dormir. Não deixe ninguém tocar ou manusear qualquer uma das suas ferramentas até elas serem completamente impregnadas com sua aura; digamos, por seis meses ou o mais próximo possível disso. Mas um casal trabalhando junto pode ter as mesmas ferramentas, que ficarão impregnadas com a aura dos dois.

# As Leis Antigas

(1961)

[A] A Lei foi criada e decretada no passado. Ela foi feita para os membros da Wicca, para aconselhar e ajudar em seus problemas. Os wiccanos devem prestar ao devido culto aos Deuses e obedecer à vontade deles, o que eles Ordenam, pois isso foi feito para o bem da Wicca, bem como o culto da Wicca [5] é bom para os Deuses, pois os Deuses a amam. Assim como um homem ama uma mulher, dominando-a, assim o wiccano deve amar os Deuses, sendo dominado por eles. E é necessário que o Círculo, que é o Templo dos Deuses, deva ser verdadeiramente lançado e purificado, e [10] deve ser um lugar adequado para os Deuses entrarem. O wiccano deve estar devidamente preparado e purificado para entrar na presença dos Deuses. Com amor e adoração em seus corações, eles aumentam o poder de seus corpos para dar poder aos Deuses, como aprendemos no passado, [15] pois dessa forma apenas o homem hábil comunga com os Deuses, pois os Deuses não podem ajudar o homem sem o auxílio dos homens.

[B] A Suma Sacerdotisa deve reger seu coven como representante da Deusa, o Sumo Sacerdote a apoiará como representante do Deus e a Suma Sacerdotisa deve escolher quem ela quiser [20], se for de um grau suficiente para ser seu Sumo Sacerdote, pois o próprio Deus beijou seus pés na saudação quíntupla, deixando seu poder aos pés da Deusa, por causa de sua juventude e beleza, sua doçura e gentileza, sua sabedoria e justiça, sua humildade e generosidade. Assim, ele renunciou de seu domínio por ela. Mas a Sacerdotisa [25] deve sempre pensar que todo o poder vem dele. O poder é apenas emprestado quando é usado com sabedoria e justiça. E a maior virtude de uma Suma Sacerdotisa é ela reconhecer que a juventude é necessária à representante da Deusa, de modo que ela se retirará dignamente em favor de uma mulher mais jovem. O coven então deve decidir em uma Assembleia, pois a verdadeira [30] Suma Sacerdotisa percebe que entregar dignamente o lugar de honra é uma das maiores virtudes e, com isso, ela retornará àquele lugar de honra em outra vida, com mais poder e beleza.

[C] Nos dias em que a Feitiçaria se difundiu muito, nós éramos livres e cultuávamos em Todos seus Maiores Templos, mas nesses tempos infelizes [35] devemos manter nossos mistérios sagrados em segredo. Então, decreta-se que ninguém fora da Wicca possa ver nossos mistérios, pois nossos inimigos são numerosos e a tortura solta as línguas de muitos. Que seja decretado que cada coven não deve saber onde o próximo coven vive, ou quais são seus membros, exceto pelo Sacerdote e pela Sacerdotisa. [40] Não deve haver comunicação entre eles, exceto pelo Mensageiro dos Deuses ou o Convocador. Apenas se não houver perigo, os covens podem se encontrar em algum lugar seguro para os grandes festivais. E, enquanto estiverem lá, ninguém deve dizer de onde veio, nem contar seus nomes verdadeiros, para que, se eles forem torturados, em sua agonia, não consigam [45] contar nada que não souberem. Então, decreta-se que ninguém que seja da Wicca deva contar algo sobre o Ofício, nem dar quaisquer nomes, ou onde residem, nem podem contar de forma alguma algo que possa trair alguém a nossos inimigos, nem possa dizer onde fica o Covenstead, ou onde fica o Covendom,* [50] ou ainda onde as reuniões acontecem ou se houve reuniões. E se alguém quebrar essas leis, mesmo sob tortura, que a Maldição da Deusa recaia sobre essa pessoa, para que nunca renasça na terra e permaneça no local ao qual pertence, o Inferno dos cristãos.

[D] Cada Suma Sacerdotisa deve governar seu coven com justiça e [55] amor, com a ajuda do conselho de anciãos, sempre prestando atenção ao conselho do Mensageiro dos Deuses, se ele vier. Ela ouvirá todas as reclamações dos irmãos e tentará resolver as diferenças entre eles, mas deve se reconhecer que haverá indivíduos que sempre se empenharão em forçar os outros a fazer o que eles mandam. [60] Eles não são necessariamente maus, muitas vezes têm boas ideias, que devem ser discutidas em conselho. Se eles não concordarem com seus irmãos ou disserem "Não trabalharei sob o comando desta Suma Sacerdotisa", deve-se lembrar que sempre foi a lei antiga conveniente para os irmãos, e para evitar disputas qualquer um dos membros de Terceiro Grau [65] pode requisitar a fundação de um novo coven por residir a mais de 4,8 quilômetros do Covenstead, ou se estiver prestes a se mudar para outro local. Qualquer

---

* N.T.: Convenstead é o local de encontro do coven, que pode ser aberto ou fechado. Covendom é a área de 4,8 quilômetros ao redor do local de encontro do coven.

um que vive no Covendom que desejar formar um novo coven, para evitar discórdia, deve revelar aos Anciãos sua intenção, e desocupar naquele instante a residência e partir para o novo Covendom. Os membros do antigo coven podem se juntar ao novo quando este for formado, mas, se fizerem isso, devem desocupar completamente o antigo. Os Anciãos dos Novo e Antigo Covens devem se encontrar, em paz e amor fraternal, para decidir as novas fronteiras. Aqueles do Ofício que residirem fora dos dois Covendoms podem se unir a qualquer um deles, mas não aos dois, embora todos possam, caso os Anciãos [75] concordem, se encontrar para os Grandes Festivais, se for verdadeiramente em paz e amor fraternal. Mas dividir o coven costuma significar discórdia, então, por isso, essas leis foram criadas no passado. E que a maldição da Deusa recaia sobre quem a negligenciar. Assim seja decretado.

[E] Se quiser manter um livro, ele deve estar na sua própria letra. [80] Permita que os irmãos e as irmãs copiem o que quiserem, mas nunca deixe o livro sair das suas mãos; e nunca mantenha os escritos de outra pessoa, pois, se o livro for encontrado com a letra dela, ela pode ser levada e intimada. Cada um deve proteger seus próprios escritos e destruí-los quando houver uma ameaça. Decore o máximo que conseguir e, quando o perigo [85] passar, reescreva seu livro e deixe-o em um local seguro. Por isso, se alguém morrer, destrua o livro se a pessoa não conseguiu fazer isso, pois, se ele for encontrado, será uma prova clara contra a pessoa. E nossos opressores bem sabem: "Não se pode ser um bruxo solitário". Portanto, todos os seus parentes e amigos correm risco de tortura. Por isso, destrua sempre qualquer coisa que não for necessária. [90] Se seu livro for encontrado com você, é uma prova clara apenas contra si mesmo. Você pode ser julgado. Afaste todos os pensamentos do Ofício da sua mente. Diga que teve pesadelos, que um demônio o fez escrevê-lo sem seu consentimento. Pense consigo: "Não sei nada. Não me lembro de nada. Eu me esqueci de tudo". Coloque isso [95] na sua cabeça. Se a tortura for intensa demais para suportar, diga: "Vou confessar. Não suporto mais essa tortura. O que querem que eu diga? Digam-me e eu falarei". Se eles tentarem fazê-lo falar da irmandade, NÃO fale; mas, se eles tentarem forçá-lo a falar de [100] improlvabilidades, como voar, ter relações com o Diabo Cristão, sacrificar crianças ou comer carne de homens, para obter alívio da tortura, diga: "Eu tive um sonho maligno, não era eu. Eu enlouqueci". Nem todos os Magistrados são maus. Se houver [105] uma desculpa, eles terão misericórdia. Se você confessar alguma coisa, negue depois; diga que murmurou sob tortura, não sabia nem o que fazia nem o que dizia. Se for condenado, não tema. A Irmandade é poderosa. Ela pode ajudá-lo a fugir, se você ficar imperturbável, mas, se trair alguma coisa, não há esperança para você, nesta [110] vida ou naquela que virá. Tenha certeza, se você for para a pira imperturbável, o Dwale* chegará até você, que não sentirá nada. Irá apenas para a Morte e o que há além, o êxtase da Deusa.

[F] É provável que o Dwale chegue até você antes do julgamento. [115] Lembre-se sempre de que os cristãos temem muito que alguém morra sob tortura. Ao primeiro sinal de desmaio, eles mandam parar e culpam os carrascos. Por isso, os próprios carrascos estão aptos a dissimular o tormento, mas não fazem isso, então é melhor não morrer logo no início. Se o Dwale chegar a você, é um sinal de que tem um amigo em algum lugar. [120] Você pode ser ajudado para escapar, então não se desespere. Se o pior vier, você vai para a pira, espera até as chamas e a fumaça aumentarem, curve sua cabeça e respire profunda e lentamente. Você sufoca e morre de forma suave e acorda nos braços da Deusa.

---

* N.T.: Dwale: um dos anestésicos potencialmente fatais usados para aliviar a dor em cirurgias na Idade Média. Era administrado na forma de uma mistura de suco de alho, suco de cicuta, ópio, vinagre e vinho.

[G] Para evitar a descoberta, as ferramentas de trabalho [125] devem ser coisas comuns que qualquer um pode ter em suas casas. Os Pentáculos devem ser de cera, para que possam ser quebrados. Só tenha espada se seu grau permitir. Não coloque nomes nem sinais em nada. Escreva os nomes e os sinais nelas com tinta antes de consagrá-las e tire-os com água logo depois. Não grave nada nelas, [130] para que não sejam descobertas. Diferencie uma da outra pelas cores dos cabos.

[H] Lembre-se sempre: vocês são os Filhos Ocultos dos Deuses. Então, nunca faça nada para desgraçá-los. Nunca se vanglorie, não ameace, nunca diga que deseja o mal a alguém. Se você ou qualquer um que não estiver no Círculo falar do Ofício, [135] diga: "Não me fale disso. Isso me assusta. Falar nisso dá azar". Porque os cristãos têm espiões em todo lugar. Eles falam como se fossem bem apegados, como se viessem aos encontros falando: "Minha mãe costumava adorar os Antigos. Eu faria isso se pudesse ir".[1] A esses negue sempre todo conhecimento. [140] Mas a outros diga sempre: "É uma conversa de tolos sobre bruxas voando pelo ar. Para fazer isso elas devem

---

1. A minha Lady Epona destaca que isso é exatamente o que Charles Cardell alegava; isto é, este parágrafo é uma resposta a Cardell e, portanto, provavelmente foi inserido nas Leis do Ofício depois da altercação com os Cardells e Olive Green em 1950.

ser leves como uma pluma" e "Os homens dizem que todas as bruxas são velhas feias de olhos turvos, então que prazer deve haver nessas reuniões sobre as quais o povo fala?". Diga: "Muitos sábios afirmam agora não existir tais criaturas". Sempre [145] brinque com isso e, em algum momento no futuro, talvez a perseguição acabe e nós possamos realizar nossos cultos com segurança novamente. Oremos por esse dia feliz.

[I] Que as bênçãos da Deusa e do Deus recaiam sobre todos aqueles que cumprirem essas leis que são Ordenadas.

[J] Se o Ofício tiver algum Apanágio, todos os irmãos devem guardá-lo, e ajudar a mantê-lo transparente e bom para o Ofício, e que todos legitimamente guardem todos os rendimentos. Mas, se alguns irmãos trabalharem de fato, é direito que recebam seu pagamento, se for justo, e isso não seria aceitar [5] dinheiro pelo uso da Arte, mas por um trabalho bom e honesto. Até os cristãos falam: "Um trabalhador merece seu salário". Porém, se algum irmão está disposto para o bem do ofício sem pagamento, é apenas para sua maior honra. Assim seja decretado.

[K] Se houver alguma disputa ou rixa entre os irmãos, a [10] Suma Sacerdotisa deve logo convocar os Anciãos e questionar sobre o assunto, e eles ouvirão os dois lados, primeiro sozinhos, depois juntos, e decidirão com imparcialidade, sem favorecer qualquer um dos lados, reconhecendo que há pessoas que podem nunca concordar em trabalhar sob o comando de outras, mas ao mesmo tempo há algumas pessoas que [15] não conseguem governar com justiça. Àqueles que sempre devem ser chefes, eis uma resposta: "Desocupe o coven e busque outro, ou crie um, levando consigo aqueles que quiserem ir". Àqueles que não conseguem governar com justiça, a resposta seria: "Aqueles que não conseguem suportar seu governo o deixarão", pois ninguém pode vir às reuniões com aqueles com quem têm [20] divergência; por isso, se nenhum deles concordar, saia, pois o Ofício deve sempre sobreviver. Assim seja decretado.

[L] No passado, quando tínhamos poder, poderíamos usar nossas Artes contra qualquer indivíduo que fosse maltratado por qualquer um da Irmandade, mas, nesses tempos malignos, não podemos fazer isso, pois nossos inimigos criaram um abismo de fogo eterno no qual eles dizem que o Deus deles lança todas as pessoas que o adoram, exceto se forem aqueles poucos que são libertados por seus encantamentos e Missas de seus padres, e isso pode ser feito principalmente pela doação de dinheiro e presentes ricos para receber seu favor, pois seu Deus Altíssimo [O Maior Deus de todos] sempre precisa de Dinheiro. [30] Mas, assim como nossos Deuses precisam do nosso auxílio para conceder fertilidade para homens e plantações, o Deus dos cristãos está sempre precisando da ajuda do homem para nos investigar e destruir. Seus padres dizem-lhes que qualquer um que receber nossa ajuda ou nossas curas será condenado ao Inferno para sempre, então os homens ficam loucos de pavor disso. Mas eles fazem os homens [35] acreditarem que podem escapar desse inferno se derem vítimas aos carrascos. Então, por isso todos estarão sempre espionando, pensando: "Se eu puder capturar um dos membros da Wicca, escaparei desse inferno". Mas nós temos nossos esconderijos, e os homens, depois de muito procurarem e não encontrarem, dizem: "Não deve haver ninguém ou, se houver, eles estão longe". [40] Mas quando um de nossos opressores morre ou fica doente, sempre gritam: "Deve ser Maldade das Bruxas", e a caça começa de novo. Embora eles matem dez de seu povo para cada um de nós, ainda não se importam; eles são milhares, enquanto nós somos muito poucos. Então, ordena-se que ninguém deve usar a Arte de forma alguma para fazer o mal [45] a qualquer pessoa, por mais que eles nos tenham prejudicado. Por muito tempo obedecemos a esta lei: "Não causar mal a ninguém" e, agora, muitos acreditam que não existimos. Então, ordena-se que essa lei ainda deva continuar a nos ajudar na nossa condição. Ninguém, por maior que seja o ferimento ou a injustiça que receba, pode usar a Arte em alguém para fazer mal ou prejudicar essa pessoa. [50] Mas pode-se, depois de ótimas consultas com todos, usar a Arte para refrear e impedir que os cristãos prejudiquem os outros e a nós mesmos, mas apenas para impedir ou refreá-los, e nunca para punir com esse propósito. Os homens dizem: "Esse tal é um investigador e perseguidor poderoso de Velhas que ele considera Bruxas, [55] e nenhuma delas lhe fez *Skith* [mal], então isso é prova de que elas não podem fazer isso, ou melhor, que não há nada disso", pois todos sabem muito bem que várias pessoas morreram porque alguém guardava algum rancor contra elas, ou eram perseguidas porque tinham dinheiro ou bens a serem confiscados, ou até porque não tinham dinheiro para subornar os perseguidores. E muitas morreram [60] por serem velhas rabugentas, tanto que os homens agora dizem que apenas velhas são bruxas, e isso pode ser uma vantagem, por desviar as suspeitas de nós. Atualmente, na Inglaterra, faz muitos anos desde a última execução de uma bruxa, mas qualquer mau uso do poder é capaz de fazer ressurgir a Perseguição. Portanto, nunca quebre essa lei, [65] por mais que fique tentado, e nunca consinta com que ela seja quebrada. Se você souber que ela foi quebrada o mínimo possível, deve trabalhar arduamente contra isso, e qualquer Suma Sacerdotisa ou Sumo Sacerdote que consentir com isso deve ser imediatamente deposta(o), pois colocam em risco o sangue dos Irmãos. Faça o bem e, se for seguro, e apenas se [70] for seguro, pois qualquer conversa pode nos colocar em risco.

[M] Obedeça estritamente à Lei Antiga, nunca aceite dinheiro para o uso da Arte. Padres cristãos e feiticeiros aceitam o dinheiro para o uso de suas Artes e vendem Dwale, feitiços de amor malignos e perdões para deixar os homens escaparem de seus pecados. [75] Não seja como eles. Não seja como eles. Se você não aceitar dinheiro, ficará livre da tentação de usar a Arte para causas malignas.

[N] Você pode usar a Arte para vantagem própria, ou para a vantagem do Ofício, apenas se certifique de que não fará mal a ninguém. Mas o coven deve sempre debater longamente a questão. Somente se todos ficarem satisfeitos de que ninguém poderá ser prejudicado [80] a Arte poderá ser usada. Se não for possível atingir seus propósitos de alguma forma sem causar mal, talvez o objetivo possa ser alcançado com uma mudança no modo de agir, para não prejudicar ninguém. Que a Maldição da Deusa recaia sobre aquele que quebrar essa lei. Assim seja decretado.

[O] É decretado lícito, se alguém precisar de uma casa ou terra e ninguém quiser vender, convencer a mente do proprietário a estar disposta a efetuar a venda, desde que isso não o prejudique de nenhuma forma, e que o valor total seja pago, sem pechinchar. Nunca barganhe ou economize com nada que você compre pela Arte. Assim seja decretado.

[P] A Lei Antiga e a mais importante de todas [90] é que ninguém pode fazer ou dizer nada que coloque em risco alguém do Ofício, ou o leve a ter contato com a lei da terra, ou a Lei da Igreja ou de qualquer um dos nossos perseguidores. Em quaisquer disputas entre os irmãos, ninguém pode invocar qualquer lei além daquelas do Ofício, ou qualquer Tribunal além daquele da Sacerdotisa, do Sacerdote e dos [95] Anciãos. E que a Maldição da Deusa recaia sobre aqueles que fizerem isso. Assim seja decretado.

[Q] Não é proibido dizer, como fazem os cristãos: "Que haja Bruxaria na Terra", porque nossos opressores do passado tornaram Heresia não acreditar na Bruxaria e, portanto, é um crime negá-la, porque assim o coloca [100] sob suspeita. Diga sempre: "Não sei nada sobre isso aqui, talvez elas possam existir, mas longe. Não sei onde". Mas mencione o assunto sempre de forma a fazer os outros duvidarem de que as bruxas sejam como são. Fale sempre delas como velhas, relacionando-se com o Diabo e voando pelo ar. Questione sempre: "Mas como os homens podem voar pelo ar se eles não são [105] leves como uma pluma?". Que a maldição da Deusa recaia sobre qualquer um que lançar qualquer suspeita sobre alguém da Irmandade, ou falar de algum local de encontro real, ou onde moram. Assim seja decretado.

[R] O Ofício deve ter anotados em um livro os nomes de todas as Ervas boas para o homem, e de todas as curas, para que todos possam aprender. Devem-se anotar em outro livro [110] todas as Toxinas [venenos] e Opiáceos, e deixar apenas os anciãos e pessoas confiáveis ter esse conhecimento. Assim seja decretado.

[S] Que as Bênçãos dos Deuses recaiam sobre todo aquele que obedecer a essas Leis, e que as Maldições do

Deus e da Deusa recaiam em todos que as quebrarem. Assim seja decretado. [Os dois trechos seguintes foram adicionados depois de 1960.]

[T] Lembre-se de que a Arte é o segredo dos Deuses e só pode ser usada com seriedade, nunca para uma apresentação ou para se vangloriar. Mágicos e cristãos podem nos provocar dizendo: "Você não tem poder. Faça magia diante dos nossos olhos. Só então nós acreditaremos", tentando fazer com que traiamos nossa Arte diante deles. Não os ouçam, pois a Arte é sagrada e só pode ser usada em caso de necessidade. E que a maldição dos Deuses recaia sobre quem quebrar essa lei.

[U] Se acontecer de mulheres, e homens, buscarem um novo amor, não devemos reprová-los, mas isso pode ser considerado desvantajoso para o Ofício, pois por muitas vezes aconteceu de um Sumo Sacerdote ou Suma Sacerdotisa, impelidos pelo amor, partirem com a pessoa amada, isto é, deixarem o coven. Ora, se uma Suma Sacerdotisa quer renunciar, ela deve fazer isso com o coven completo, e essa renúncia é válida. Porém, se eles fugirem sem a renúncia, quem sabe se não voltarão alguns meses depois? Então a lei é: se uma Suma Sacerdotisa deixar seu coven, mas retornar no espaço de um ano e um dia, então ela será reempossada e tudo será como antes. Enquanto isso, se ela tiver uma assistente, esta deve agir como Suma Sacerdotisa por quanto tempo a Sacerdotisa estiver fora. Se ela não retornar no fim de um ano e um dia, então o coven deverá eleger uma nova Suma Sacerdotisa. A menos que haja um bom motivo para o contrário, a pessoa que fez o trabalho deve colher o benefício da recompensa, Dama e assistente da Suma Sacerdotisa.

## A Carga em Verso

(1961)

Eu, Mãe sombria e divina, digo-vos: Ó filhos meus (todos reunidos em meu Santuário), é meu o açoite e meu o beijo. A estrela de cinco pontas de amor e felicidade. Aqui eu vos exorto neste sinal. (Assume a posição da Deusa.)

Todos vós reunidos aqui esta noite, curvai diante do meu espírito, brilhante Afrodite, Arianrhod, Amante do Deus Cornífero, Rainha Poderosa da Bruxaria e da Noite.

Astarte, Hécate, Ashtaroth, Dione (Morrigan, Etain, Nisene), Diana, Brígida, Melusina, recebo esses nomes pelos homens desde tempos idos, Ártemis e Cerridwen, senhora sombria do Inferno, Rainha do Céu.

(Sempre que o problema surgir de supetão) Todos aqueles que aprendem comigo uma Runa, ou pedirem uma bênção, encontrai-vos em alguma secreta clareira, dançai ao meu redor à sombra de um frondoso bosque, à Luz da Lua Cheia.

(Em um lugar selvagem e ermo) Com os camaradas, apenas dançai em volta da minha pedra de altar. Trabalhai meu santo Magistério, Vós, que estais ávidos por feitiçaria, trago-vos segredos ainda desconhecidos.

(Sejam quais forem os problemas que vierem a vós) Não mais conhecereis escravidão quem me prestar o devido culto, quem pisar em meu círculo na noite de sabbat. Vinde, todos nus ao rito, em sinal de que sois livres de fato.

Ensino o mistério do renascimento, mantende meus mistérios em alegria, corações unidos, e lábio com lábio, cinco são os pontos de companheirismo que trazem a vós o êxtase da Terra.

Não peço oferendas, mas curvai-vos. Nenhuma outra lei além do amor eu conheço, por nada além do amor posso ser conhecida. Tudo que vive é meu. De mim vieram, para mim voltarão.

# Lançar e Carregar

(1961)

[1] Forme o Círculo. Acenda velas.

1. Trace o Círculo com a Espada Mágica ou o Athame.

2. Borrife água consagrada.

3. Queime incenso.

4. Diga: "Conjuro-te, ó Círculo do Poder, para que sejas uma Fronteira, uma Proteção e um ponto de encontro entre o mundo dos homens e os reinos dos Poderosos, um Guardião e uma Proteção que deve preservar e conter o Poder que evocaremos dentro de ti, pelo que eu te abençoo e consagro".

5. Diga: "Invoco-vos, incito-vos e rogo-vos, ó Poderosos do (Leste, Sul, Oeste, Norte) a testemunhar os Ritos e vigiar o Círculo".

[2] Encerramento do Círculo.

Diga: "Poderosos do Leste (Sul, Oeste, Norte), agradeço-vos por vossa presença e, antes de partirdes para seus encantadores reinos, saúdo-vos e despeço-me".

[3] Consagração da Água e do Sal.

Toque a água com o Athame, dizendo: "Exorcizo-te, ó Criatura da Água, para banir de ti todas as impurezas e imundícies dos Espíritos do Mundo Fantasmagórico, em nome de Aradia e Cernunnos".

Tocando o Sal com o Athame, diga: "Que as Bênçãos recaiam sobre esta criatura de Sal. Que todos os males e obstáculos sejam banidos daqui, e que todo o bem entre aqui. Por isso, abençoo-te para que me auxilies. Em nome de Aradia e Cernunnos".

[4] Atraia a Lua.

"Invoco e suplico-te, ó poderosa Mãe de todos nós, Portadora de toda Fertilidade. Pela semente e pela raiz, pelo talo e pelo broto, pela folha, flor e pelo fruto, pela Vida e pelo Amor, invoco-te a baixar no corpo de tua serva e Suma Sacerdotisa [nome]."

O Sumo Sacerdote e outros oficiantes dão o Beijo Quíntuplo. Todas as mulheres curvam-se em reverência.

# Formação do Círculo

(1961)

[1] Deve haver um homem e uma mulher, devidamente preparados, isto é, nus.

[2] Trace um círculo de 2,5 metros de diâmetro no chão com giz, etc. A melhor forma é pegar um barbante. Dê dois laços com 1,37 metro de distância um do outro. Coloque um laço sobre um prego ou algo marcando o centro. Coloque o giz na outra ponta e trace o círculo. Se você não puder fazer marcas no chão, coloque móveis, etc. em volta para marcar a forma do círculo. Use uma mesa, etc. como um Altar, com todas as ferramentas, etc. sobre ele. Use uma tigela de água e um pouco de sal.

[3] Coloque o Athame na tigela de água. Diga: "Exorcizo-te, ó Criatura da Água, para banir de ti todas as impurezas e imundícies dos Espíritos do Mundo Fantasmagórico em

nome de Aradia e Cernunnos, mas lembra-te sempre de que a Água purifica o corpo, mas o açoite purifica a alma".

[4] Então, coloque o Athame sobre o sal. Diga: "Que as Bênçãos recaiam sobre esta criatura de Sal. Que todos os males e obstáculos sejam banidos daqui, e que todo o bem entre aqui. Por isso, abençoo-te para que me auxilies. Em nome de Aradia e Cernunnos".

[5] Em seguida, trace o Círculo sobre as linhas marcadas, começando e terminando no lado Leste. (Sempre dê a volta pelo círculo com a mão direita na direção do Altar. Nunca ande no sentido anti-horário.) Coloque o Sal na água e ande pelo círculo novamente, borrifando-o para purificá-lo. Então circule de novo, incensando-o. (Todos nos círculos devem ser aspergidos e incensados.)

[6] Vá para o Leste, com a Espada ou o Athame na mão. Desenhe um pentáculo de invocação no Ar, começando no topo e indo para o lado esquerdo, dizendo: "Invoco-vos, incito-vos e rogo-vos, ó Poderosos do (Leste, Sul, Oeste, Norte) a vigiar o Círculo e testemunhar nossos ritos". Então, segurando a ponta da espada ou do Athame para cima, faça o mesmo para sul, oeste e norte, e volte ao centro, ao sul do Altar.

[7] Então, cada garota deve vendar seu homem, colocar as mãos para trás e o reboque no pescoço. Ele deve ajoelhar-se no altar e ser açoitado. Depois de todos os homens serem "purificados" dessa forma, é a vez de eles purificarem as garotas. Ninguém pode ficar no círculo sem ser purificado.

[8] Então faça o trabalho que quiser.

[9] Ao fechar o Círculo, a Suma Sacerdotisa, ou quem ela pedir para fazer isso, diz: "Saúdo-vos, ó Poderosos do Leste. Agradeço vossa presença e, antes de partirdes para seus encantadores reinos, saúdo-vos e despeço-me".

# MADRAS® Editora

Para mais informações sobre a Madras Editora,
sua história no mercado editorial
e seu catálogo de títulos publicados:

Entre e cadastre-se no site:

**www.madras.com.br**

Para mensagens, parcerias, sugestões e dúvidas, mande-nos um e-mail:

**marketing@madras.com.br**

**SAIBA MAIS**

Saiba mais sobre nossos lançamentos,
autores e eventos seguindo-nos no facebook e twitter:

**@madrased**

**/madraseditora**